U0678924

股票经典技术一周通系列

经典K线一周通

（第二版）

三步精通14个高效组合

励佰专业理财机构　著

诠释14个高效可靠的经典K线形态
演绎看盘、解盘和操盘的三步曲
迅速提高股民的理论水平和实操能力
炒股高手奠基阶段的经典教程
开辟融券做空的盈利新途径
最简单、最有效、最直接

经济管理出版社
ECONOMY & MANAGEMENT PUBLISHING HOUSE

图书在版编目（CIP）数据

经典 K 线一周通/励佰专业理财机构著. —2 版. —北京：经济管理出版社，2016.4
ISBN 978-7-5096-4293-1

Ⅰ. ①经⋯　Ⅱ. ①励⋯　Ⅲ. ①股票交易—基本知识　Ⅳ. ①F830.91

中国版本图书馆 CIP 数据核字（2016）第 051897 号

组稿编辑：勇　生
责任编辑：勇　生
责任印制：杨国强
责任校对：陈　颖

出版发行：经济管理出版社
　　　　　（北京市海淀区北蜂窝 8 号中雅大厦 A 座 11 层　100038）
网　　　址：www. E-mp. com. cn
电　　　话：(010) 51915602
印　　　刷：三河市延风印装有限公司
经　　　销：新华书店
开　　　本：720mm×1000mm/16
印　　　张：13.75
字　　　数：224 千字
版　　　次：2016 年 5 月第 2 版　2016 年 5 月第 1 次印刷
书　　　号：ISBN 978-7-5096-4293-1
定　　　价：38.00 元

前言　K 线战法与看盘、解盘和操盘

　　K 线技术是所有证券交易技术的基础之一，相对于欧美交易者的竹节图而言，K 线具有的优势是能够直接帮助证券交易者解读当下的多空力量对比状态，这点对于所谓"顺势而为"的交易者具有非常重要的意义。不过，K 线组合非常多，一般的人接触后会发现无法有效地掌握，也不知道其中哪些 K 线组合的研判效率更高。在本书中我们将对 K 线组合进行精练和筛选，选出哪些是值得我们花 80% 精力掌握的高效 K 线。

　　通过筛选我们给大家找出了 14 个最重要的 K 线组合，这些 K 线组合在股票市场中出现的频率较高，更为重要的是有效性很高。高频率和高有效性的 K 线组合能够极大地促进交易者的交易效率，这是一般的初级炒股人士非常希望达到的状态。除了 K 线的分类之外，我们还需要掌握 K 线的具体运用步骤，这是其他书籍中很少提到的，其他的书籍大都局限于 K 线组合的定义以及相关的操作要点，但是对于操作步骤却很少提及。在本书中，我们真正地整合 K 线的运用，将 K 线运用的步骤分为 3 个关键环节，这些环节没有被绝大多数书籍完整和深入地叙述。完整的 K 线运用环节分为 3 个步骤：看盘、解盘和操盘。

　　看盘就是通过肉眼初步发觉当下走势中的重要 K 线，"看盘"这个词一时间成了不少证券交易书籍的标题，其实"看盘"是最为粗浅层次的行情分析，是交易者运用肉眼对行情进行初步甄别的过程。看盘没有高手，所以没有"看盘高手"一说，毕竟股票买卖的关键不在于行情分析，而在于仓位规划和管理，所以操盘有高手，看盘无高手。本书将股票看盘的环节准确地展开来，看盘的要点在于快，而不是准，因为利用技术分析手段筛选股票，对于短线交易者而言是非常繁重的任务。面临上千只股票，如果不能快速完成初步筛选则交易效率会极低，也就是说选到上涨股票的概率将下降很多。看盘要快，解盘要慢，而操盘的仓位规划环节就是最需要慢的环节，至于具体的执行则要回到较快的节奏。

解盘就是通过理性的研判 K 线组合以及整体的走势进行研究，进一步确认交易机会的合理性。什么是解盘，很多交易者以为看盘就已经完成了解盘的任务，其实这是错误的看法。看盘完成初步筛选后，需要通过解盘来对更微观和更宏观的信息进行全面和深入的研判。比如，也许我们在看盘的时候找到了一个"黄昏之星"形态，那么在解盘这个步骤则需要仔细查看这个 K 线组合是否是有效的"黄昏之星"，同时查看这个"黄昏之星"处在一个什么样的大环境中，与前面的走势和极点是什么关系。通过解盘，我们可以进一步地筛选出少数的几只股票进入仓位规划和实际操作，解盘这个环节可以将交易的可靠性进一步提高。看盘和操盘是绝大多数股票书籍谈到的主题，但是对于解盘却鲜有提及，这是因为不少股票书忽视了初选和精选的区别。如果所有股票都详细地去分析，那么一天下来也看不完一半的沪、深上市股票，但是如果仅仅是快速浏览一遍沪、深两市股票，则也很难找到可靠性高和盈利潜力高的股票。

操盘则是在此前研判的基础上，将进场点和出场点以及仓位轻重确定下来。操盘的最终实现是通过实际投入资金来完成的，这点是大家不能忽视的，否则前面的行情分析以及仓位规划都是白做的，对于交易者的实际绩效没有任何实质性的帮助。操盘上是不是高手确实最终关系到交易的绩效，不少交易者都重视行情分析，轻视仓位规划，而仓位规划恰好是直接关系盈亏的最直接因素。操盘涉及进场点规划、出场点规划，甚至还有加仓点规划和减仓点规划，总而言之操盘主要规划如何管理真实的交易。看盘和解盘是在"刺探敌情"，而操盘则是在"发动攻势"。

总而言之，K 线的高效组合有 14 个，高效利用这 14 个组合的完整步骤是 3 步，利用一周的时间掌握本书的 14 个 K 线组合，然后"照葫芦画瓢"地按照看盘、解盘和操盘三步骤运用这 14 个 K 线组合。现在大家就下工夫吧，在一周内初步掌握 14 个高效 K 线组合以及相应的 3 步骤操作法。

目 录

星期一　看跌吞没　看涨吞没

星期二　早晨之星　黄昏之星

星期三　流星　锤头

星期四　倒锤头　上吊线

星期五　三个白兵　三只乌鸦

星期一

看跌吞没　看涨吞没

第一章　高效组合1——看跌吞没

看跌吞没在股票交易中具有非常重要的意义，因为大多数股票操作者都是因为忽略了这一信号，而失去了最佳的退出机会。在股票的顶峰位置看跌吞没是出现频率最高的一个K线组合，这是一个非常可靠的股票阶段性顶部标志。尽管如此，却有不少股民忽视了它的存在，这就是"睁着眼跳崖"的典型表现。在本章中我们将详细介绍看跌吞没的"解剖结构"，同时了解一下这个高效K线组合在指数上的表现，更为主要的内容是在具体的个股实例中看看如何运用这个高效K线组合。不少炒股者都只重视K线形态，而忽视了有效运用K线的步骤，而在本书中我们将针对这一情况为大家呈现有效运用K线的完整步骤。本章则是首次呈现这一步骤：第一步，根据看跌吞没的解剖结构，从上千只两市股票中筛选出大致符合要求的个股，这就是"看盘"；第二步，对筛选出来的个股进行复选，剔除其中那些形态稍差或者说不严格符合要求的个股，这就是"解盘"，这步要求将最终炒卖的股票缩小到几只的数量；第三步，对最终筛选出来的股票进行仓位规划，确定进场点，同时对出场条件要做到十分明了，这就是"操盘"。

第一节　看跌吞没形态解剖

在讲解每一个K线高效组合的时候，我们会以上证指数作为形态解剖的实例，为什么选用指数呢？K线形态有效的前提是足够多的参与者，参与者的行为相互促进和制约，如果是庄股，那么日线以下级别的K线，包括日线本身都

会存在很大的误导性，因为庄家可能操纵这些级别 K 线组合，制造出一些迷雾，特别是某些广为人知的 K 线形态更容易被庄家利用来欺骗散户。指数上的 K 线形态都是比较"原始态"的，很难为少数人操纵，这点是我们大家需要注意的。另外，上证指数一直是绝大多数机构，包括国外财经机构用来观察和衡量中国股市走向的指标，因此上证指数更具有市场情绪指引意义。

下面，我们就利用上证指数来讲解看跌吞没的解剖结构吧，请看图 1-1，这是上证指数 2010 年的一段走势。这是一幅真实的日线走势图，请看该图最后两根 K 线，倒数第一根是阴线，也就是开盘价高于收盘价的 K 线；倒数第二根是阳线，也就是开盘价低于收盘价的 K 线，两根 K 线的属性相反，这是识别看跌吞没的一个关键要点。这点是大家在运用看跌吞没模型对当下股价走势进行识别时的首要注意事项。阳线代表市场情绪还在看多的一方，阴线则代表市场情绪开始转而看空。除了这个要点之外，还有两个要点：一个要点是阴线的开盘价不能低于阳线的收盘价，同时阴线的收盘价不能低于阳线的开盘价，也就是说阴线的实体部分要覆盖阳线的实体部分，这表明今日空方的情绪压倒了昨日多方的情绪；另一个要点是在阳线之前应该有一段显著的上升走势，也就是说这个组合应该出现在一段上涨走势之后，如果不是这样则不能定义其为看跌吞没。

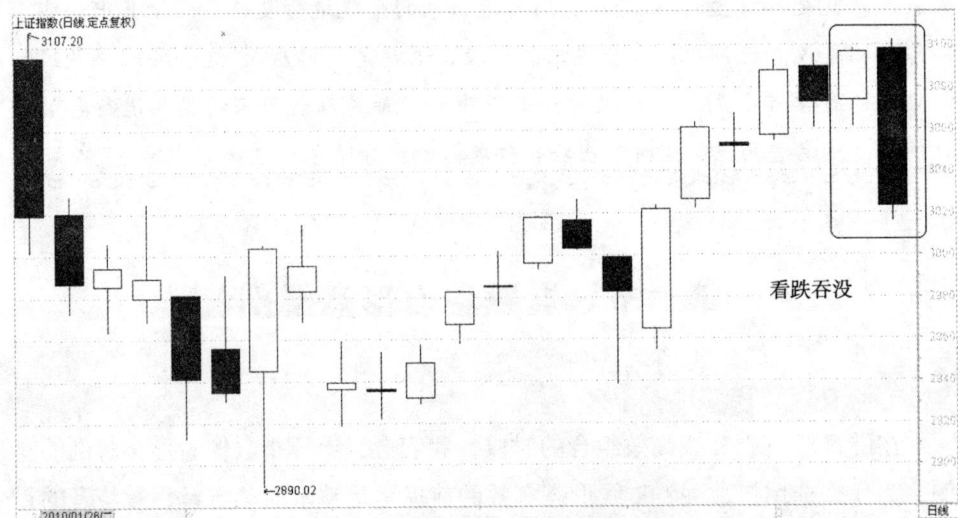

图 1-1　上证指数看跌吞没形态解剖

看跌吞没可以作为了结多头的信号，也可以作为轻仓和小幅度止损融券做空的信号，由于本书主要针对的是散户，那么我们也就以散户的角度来介绍看跌吞没的具体运用。对于散户而言，做空并不是一个容易理解的工具，所以我们主要从了结多头头寸的角度来介绍看跌吞没的运用，当然也会涉及融券做空的内容。在接下来的几个小节中，我们将介绍 4 个利用看跌吞没和三步法进行操作的实例。

第二节　看跌吞没形态实例一

利用看跌吞没和三步法操作股票的第一个实例涉及万科 A，下面我们就一同来揣摩运用中的点点滴滴吧。在开始本书的第一个例子之前，大家一定要明白炒股的三个步骤：看盘、解盘和操盘。掌握了看跌吞没的三大解剖要点之后，严格按照这三个步骤去操作，这样你才算是真正把这本看似简单的小册子看透了。

1. 看盘

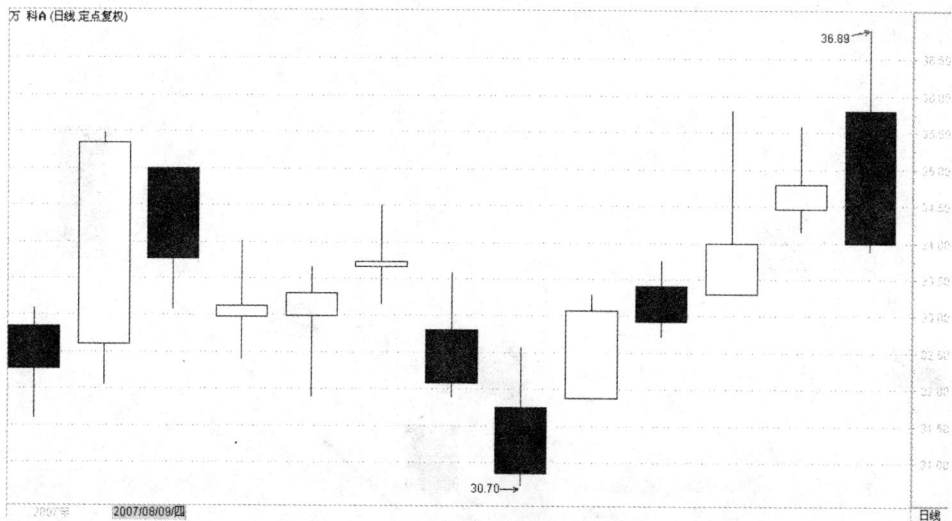

图 1-2　万科 A 看跌吞没形态看盘

第一个利用看跌吞没炒股的实例是万科 A，当时我们从上千只股票中找到的这只股票，如图 1-2 所示。我们首先注意到了阴线的实体覆盖阳线的实体，所以我们在初选中留下了这只股票，等待进一步的筛选。当时万科刚好创出阶段性高点 36.89 元，在高点我们看到了可能的看跌吞没形态，于是有必要留下来看，有没有融券做空的机会。

2. 解盘

初步确定万科 A 存在看跌吞没之后，我们就决定在第二个步骤，也就是"解盘"环节，请看图 1-3，在初步筛选出万科 A 存在看跌吞没之后，我们要进一步确认它是否严格符合看跌吞没的三大特征。首先，股价从 30.70 元到目前 K 线组合出现的位置一直处于上涨态势中，也就是说此前该股一直处于上涨走势中，这是最容易被忽略的一个看跌吞没特征。其次，最近两个 K 线依次为上涨阳线和下跌阴线。最后，要求阴线的开盘价高于阳线的收盘价，而阴线的收盘价低于阳线的开盘价，这个条件也是严格符合的。由于本例中，个股走势符合了看跌吞没的定义条件，于是我们就需要进行下一步，也就是对操纵的仓位进行规划。

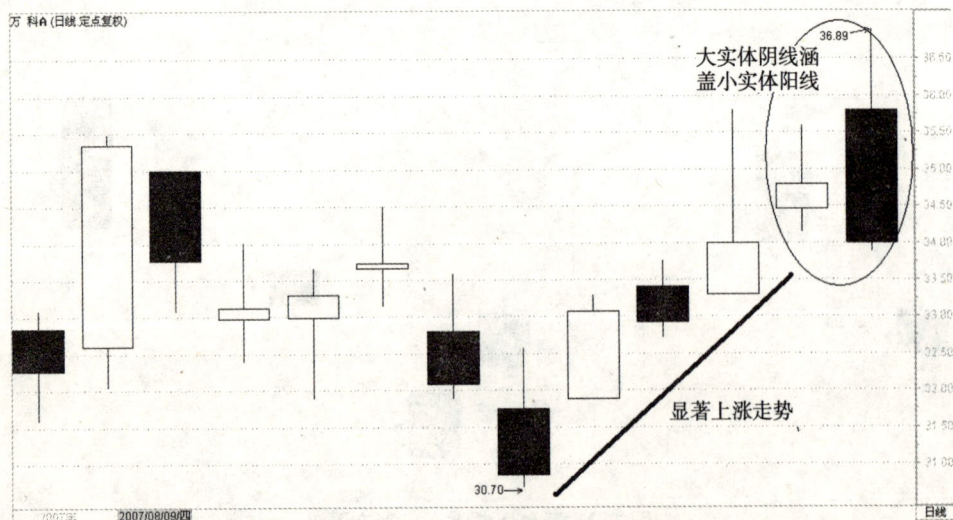

图 1-3　万科 A 看跌吞没形态解盘

3. 操盘

接下来我们来看如何展开对万科 A 当下走势的实际操作，请看图 1-4。在本例中，我们采用做空交易，如果已经买入该股的股民就应该在见到看跌吞没之后迅速减轻多头仓位，甚至了结所有的仓位。那么如何利用看跌吞没进行融券做空交易呢？请看图 1-4，融券做空交易的进场点应该是看跌吞没形成之后的首个交易日，我们应该在开盘第一时间融券做空，在进场做空的同时还需要及时设定止损点，也就是面临亏损扩大状况时的出场点。这个出场点应该放置在看跌吞没价格最高点附近，也就是 36.8 元附近，一旦万科 A 的股价反弹触及这个价位就必须迅速地回补手中的空头仓位。同时，为了保护盈利我们还有两个出场策略，每个策略负责一半仓位的出场问题。第一个出场策略是当股价反弹到最近两个交易日的最高价之上时了结空头，请看图 1-4 中，图中的"半仓出场点"正是这一类型的出场点。第二个出场策略是当 K 线走势出现看涨反转形态的时候，了结另外一半仓位，这里需要注意的是一般不采用较弱形态的反转 K 线形态，比如本书最后会介绍的母子形态。在本例中，虽然出现了看涨母子，但是仍旧持仓。在半仓出场点了结了一半仓位之后，剩下的一半仓位直到 30 元价位仍旧没有了结，要到出现看涨反转 K 线组合才了结。

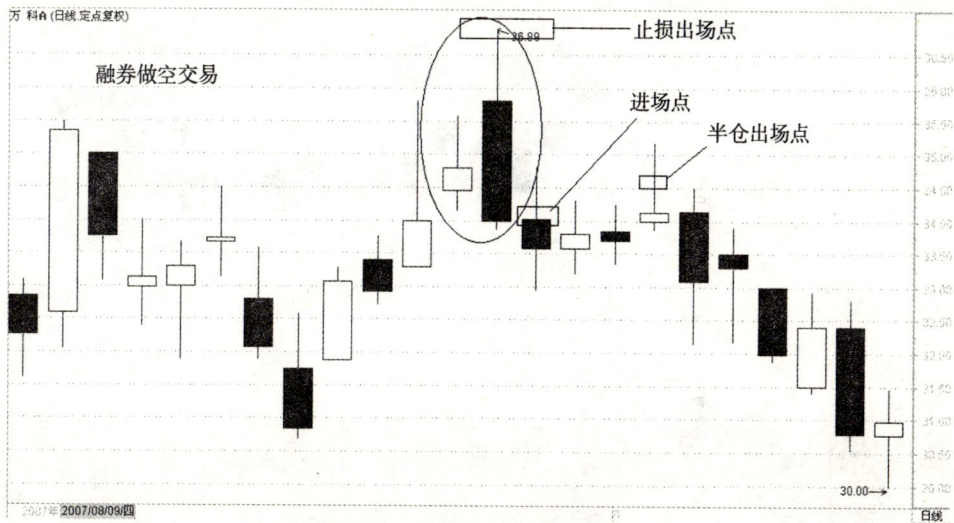

图 1-4 万科 A 看跌吞没形态操盘

第三节　看跌吞没形态实例二

一个实例还不足以表明看跌吞没的运用要点和精髓，下面我们再举几个例子，第二个例子是世纪星源，当时我们在利用三步法和高效 K 线组合筛选股票的时候看中了这只股票。

1. 看盘

在进行两市股票筛选的时候，我们发现当下世纪星源的走势出现了可能的看跌吞没组合形态，如图 1-5 所示。阴线实体涵盖了阳线实体，于是我们准备进一步进行确认和分析，这就需要接下来的"解盘"步骤了。

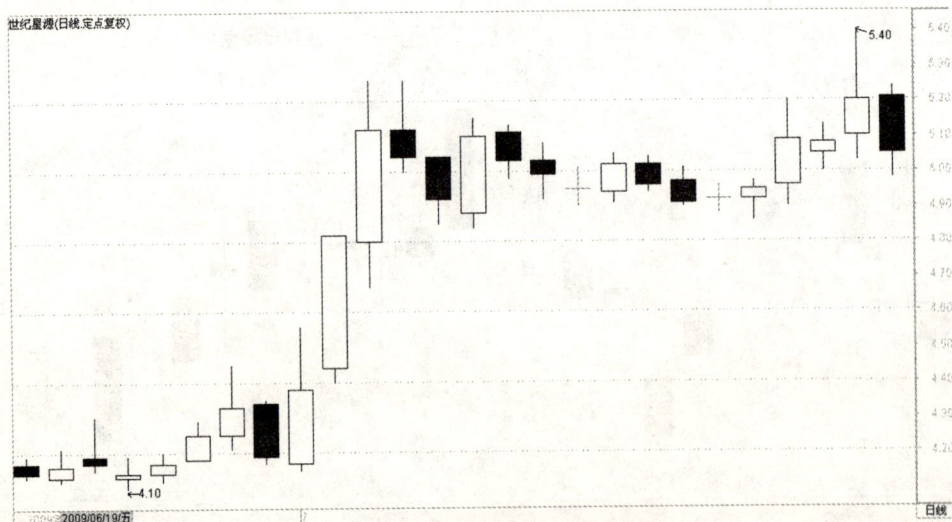

图 1-5　世纪星源看跌吞没形态看盘

2. 解盘

在通过看盘初步确认了世纪星源存在看跌吞没之后，我们需要进一步地对此进行确认，严格按照看跌吞没的 3 点要求来审核。请看图 1-6，在该组合出现之前必须存在一段显著的上涨走势，从图中我们可以看到股价从 4.10 元上涨，然后出现了一段横盘走势，而横盘走势的末端逐步拉抬，整体来看之前确实存在一段显著的上涨走势，这就满足了三点要求中最容易被炒股者忽视的一点：要求看跌吞没组合出现之前的股价处于显著上涨走势中。然后，我们再来看第二点，这就是要求看跌组合的第一根 K 线是阳线，第二根 K 线是阴线，世纪星源当下的走势也满足了这一点。最后一点，要求阴线的开盘价高于阳线的收盘价，而阴线的收盘价低于阳线的开盘价，这意味着市场情绪的大转变，由看多转为看空。当然，也可以从多空力量对比的角度来看待此处的看跌吞没，图中的小实体阳线紧接着大实体阴线意味着微弱的多方力量很快为强大的空方力量所压倒。经过进一步的分析，我们确认了世纪星源近期走势中存在的看跌吞没是有效的，并将该股作为实际操作的对象。

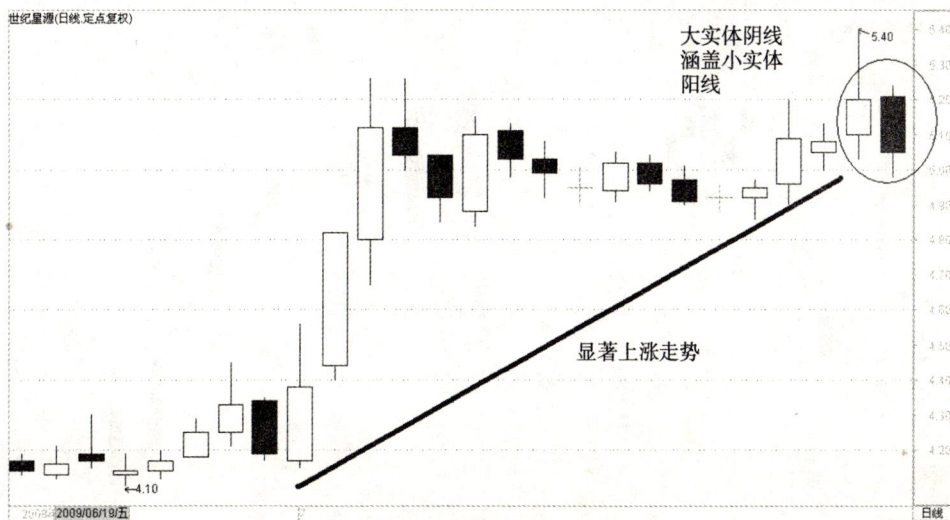

图 1-6　世纪星源看跌吞没形态解盘

3. 操盘

在执行具体的进场操作之前，我们还需要规划一下进出场点，请看图 1-7，在世纪星源出现了看跌吞没之后，我们在紧接着的第二个交易日开盘时进场融券做空，如果此前你还持有多头仓位的话，那么此时就应该迅速地了结此仓位，至少应该减轻部分仓位。如果你在看跌吞没之后的交易日进场融券做空，那么止损出场点应该设定在看跌吞没最高价 5.40 元附近，那么盈利之后如何出场呢？做空仓位分为两部分分别出场，一个部分按照反弹超过最近两日最高点为准；一个部分则是出现反转看涨 K 线组合后出场。在世纪星源这个实例中，两个出场点基本是一致的，为什么会这样呢？请看图 1-7，进场融券做空之后，股价出现了早晨之星，这个看涨反转形态将在本书后面详细地加以介绍，这里只要知道它是一个反转看涨 K 线即可，一旦它出现了，我们就应该了结一半的空头仓位。那么，另外一半空头仓位为什么也要在这里了结呢？这是因为股价反弹突破了前两日的最高价位，所以要退出。最后，所有的空头仓位都应该在早晨之星后面一个交易日开盘和盘中分别了结。

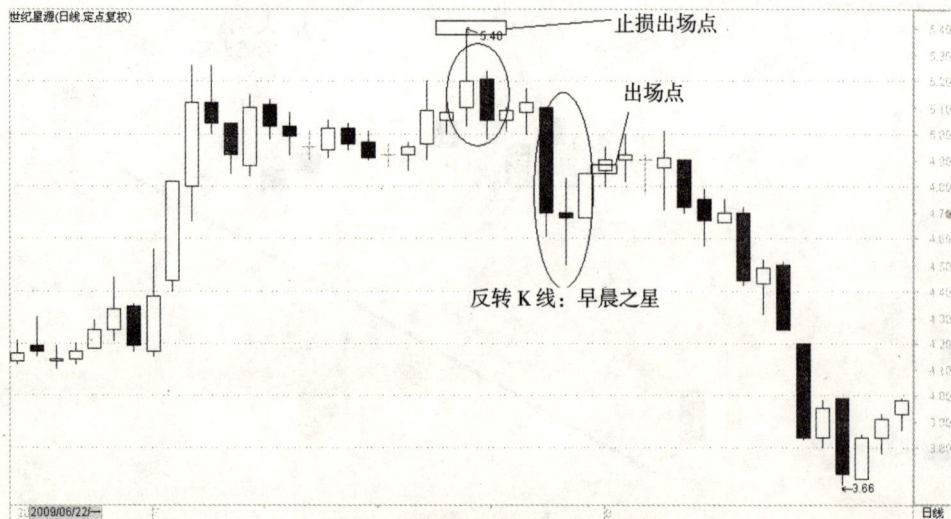

图 1-7　世纪星源看跌吞没形态操盘

第四节　看跌吞没形态实例三

为了更好地让学员掌握看跌吞没这个高效组合 K 线的运用要诀，我们安排了四个实例，让实例而不是理论统领全书，在教程的后面各个章节我们也是这样安排的，通过见识更多的两市个股实例来掌握高效 K 线组合的运用之道。枯燥的理论和繁多的语言文字还不如真真切切的走势图更能让我们明白股票交易的真谛所在。

1. 看盘

在我们的一次大范围初选中，我们发现了一致药业当时可能出现了看跌吞没 K 线组合，如图 1-8 所示。股价从 26.10 元附近上涨，然后出现了大实体阴线涵盖小实体阳线的 K 线组合形态。当一致药业出现了这样的形态时，我们将它放入到股票池中以便进一步地筛选，看盘这步的目标也算达到了。接下来，我们通过解盘这个步骤来对一致药业的 K 线组合作进一步地鉴定。

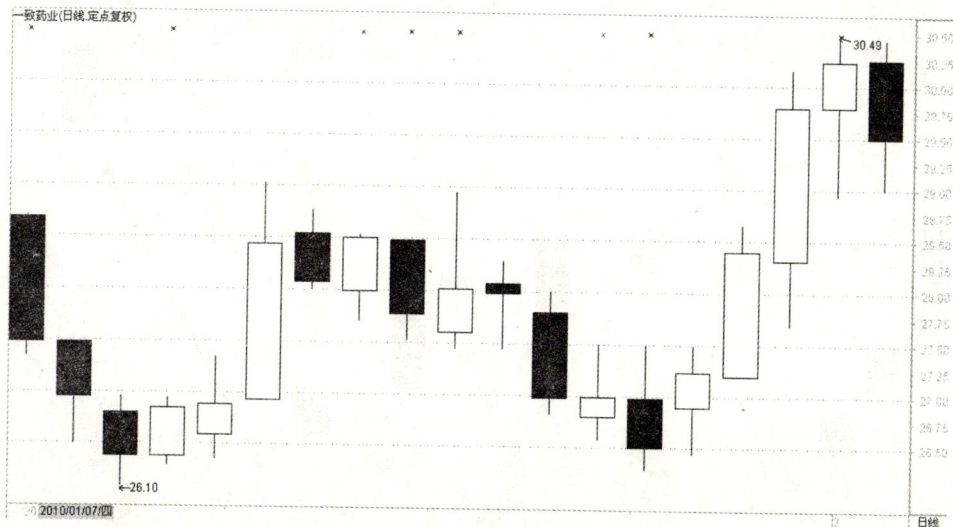

图 1-8　一致药业看跌吞没形态看盘

2. 解盘

通过看盘，我们发现了一致药业存在融券做空机会，于是我们进一步对其形态进行分析，按照看跌吞没的 3 个要点逐一进行分析，请看图 1-9。在一致药业出现类似看跌吞没的形态组合之后，我们要更加细致地检查，首先我们检查该形态出现之前是否出现了一段显著的上涨走势。通过行情分析软件的走势图，我们发现一致药业在达到阶段性高点 30.49 元之前，出现了一段显著的上涨走势。这就满足了看跌吞没的一个要点要求。再来看第二个要点，一致药业在当下出现了一根阳线和一根阴线，也就是说两者的颜色是相反的。第三个要点要求阴线的开盘价要高于阳线的收盘价，同时阴线的收盘价低于阳线的开盘价，这点一致药业的当下走势也是满足的，于是我们完全确认了其中存在的融券做空机会，接下来就要对其具体的操作仓位进行规划了，这就是操盘这一步要完成的首要任务了。

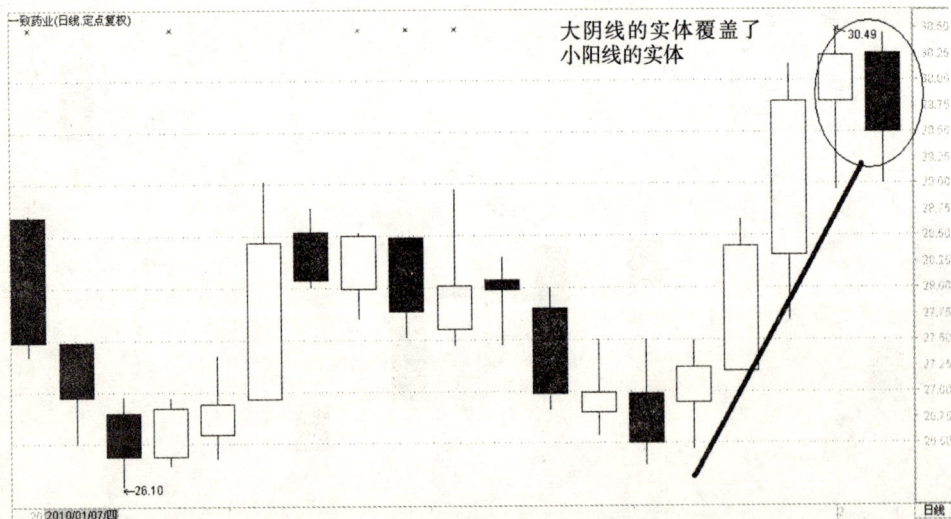

图 1-9　一致药业看跌吞没形态解盘

3. 操盘

　　现在我们从操作环节进入到了操盘环节，一般交易者可能会忽视掉这一个环节，因为他们认为只要知道了股票是涨是跌，接下来的事情就比较好做了。其实，真实的情况并不是这样的，最终关系到交易绩效的还是仓位规划，特别是对意料之外情况的预防都是基于仓位规划的。就一致药业当下的走势来看，应该在看跌吞没出现后的一个交易日开盘时融券卖出，如果持有多头仓位的话则应该在见到这一看跌吞没形态之后至少了结部分仓位。请看图1-10，如果是融券卖空交易的话，则应该在看跌吞没最高价附近设定止损出场点，当进场后不久股价反弹到此处时就应该迅速了结做空交易。在图1-10中有两个半仓出场点，出场点1是股价反弹超过最近两日最高点时了结一半的空头仓位，出场点2是股价出现大阳线之后了结另外一半的空头仓位。

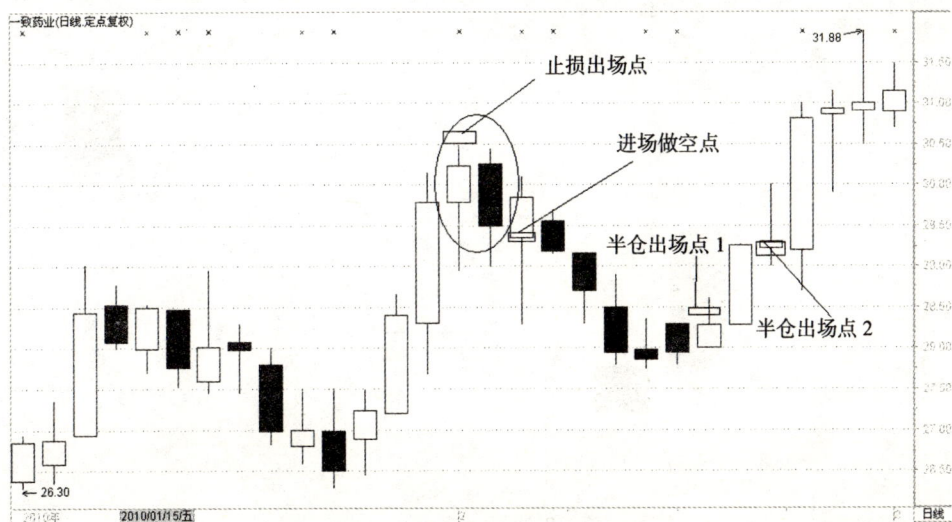

图 1-10　一致药业看跌吞没形态操盘

第五节　看跌吞没形态实例四

下面我们接着来看第四个实例吧，这是深国商的例子，下面我们就利用看跌吞没结合三步法进行演示吧。

1. 看盘

在一次例行的选股操作中，我们发现深国商这只股票的当下走势中出现了看跌吞没的形态，我们将其放入了股票池中，以便接受进一步的考察，确认它是否真的是看跌吞没形态，如果是的话则要着手仓位规划。

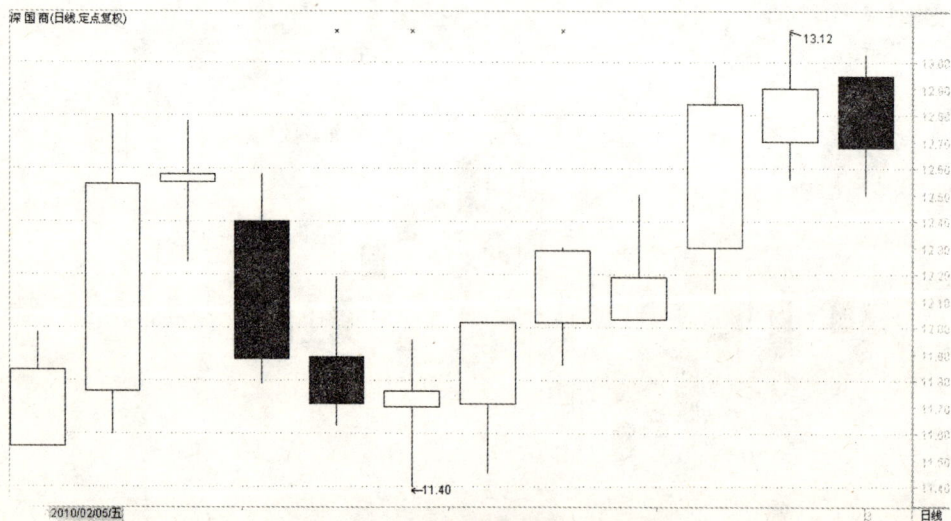

图 1-11　深国商看跌吞没形态看盘

2. 解盘

初选中我们发现了深国商最近两个交易日出现了看跌吞没组合，于是我们将它放入股票池，在解盘这个环节中我们对这只股票进一步作审视。请看图1-12，深国商从 11.40 元起步上涨，也就是说在该形态出现之前，深国商出现了显著上涨，这就符合了看跌吞没的第一个特征要求。第二个特征要求就是阳线先出现，然后再出现阴线，这点也是符合的。第三个特征要求则是阴线的开盘价高于阳线的收盘价，同时阴线的收盘价低于阳线的开盘价。符合以上三点就表明深国商当下的走势形态提供了一个融券做空的机会，或者说发出了了结多头仓位的信号。

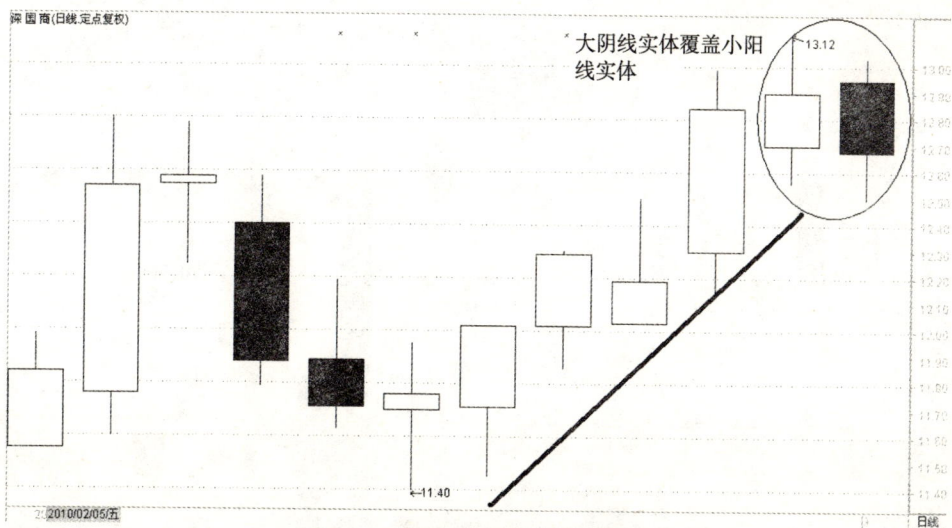

图 1-12　深国商看跌吞没形态解盘

3. 操盘

确认深国商的看跌吞没有效之后，我们着手规划进出场，请看图 1-13。当看跌吞没出现之后，我们在紧接着的一个交易日开盘融券卖空，将止损点设定在看跌吞没最高价之上。此后一路持有卖空仓位，一直到图中标注的半仓出场点才了结了一半的仓位。为什么要在这里了结一半的仓位呢？最为主要的原因是股价反弹超过了最近两日的最高点。那么剩下的一半仓位怎么办呢？在盘中我们回补了一半的空仓，而这天收盘时是一根大阳线，根据本书后面的技巧，此大阳线是一个看涨反转组合，是我们在次日回补另外一半空仓的原因。

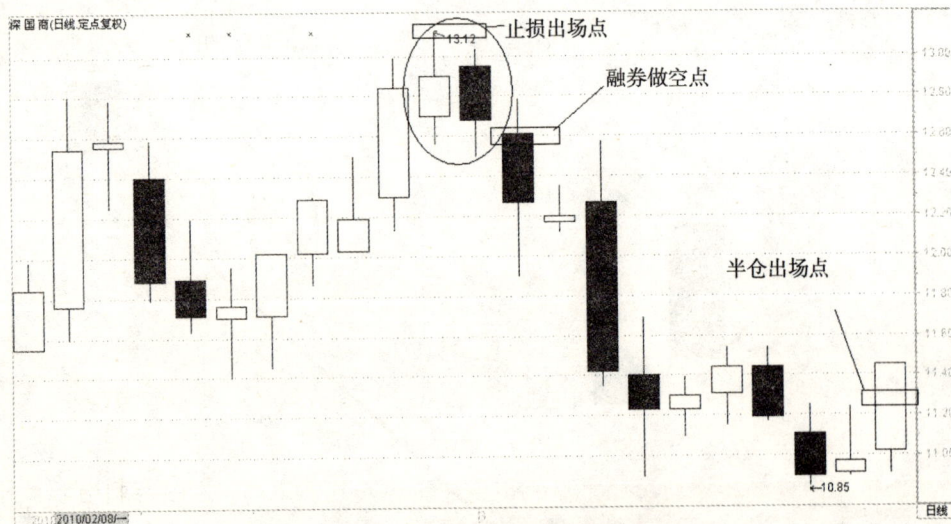

图 1-13　深国商看跌吞没形态操盘

第二章　高效组合 2——看涨吞没

看涨吞没是看跌吞没的镜像，也就是说两者是相反的，如果说看跌吞没预示了下跌走势的到来，那么看涨吞没则预示着上涨走势的到来。在本章中，我们将介绍看跌吞没的基本模型，更为重要的是通过实例演示看涨吞没研判和操作的三步法。对于大多数常规操作的散户而言，看涨吞没的意义可能大于看跌吞没，因为看涨吞没能够真正为炒股者带来买入的机会，获利只有在建仓之后才有条件实现。下面我们就从看涨吞没的解剖形态开始，请大家务必用心掌握，毕竟越是简单的东西往往更是重要，比如本书全面介绍的 14 个高效 K 线组合就属于简单的东西，但是如果你下工夫去掌握这些东西，你就会发现里面蕴藏着丰厚的利润。不要认为本书讲的都是一些基础知识，万丈高楼平地起，只有掌握了这些最简单和基础的东西，你才谈得上能够驾驭更高级的技术。况且，K 线技术可以算得上是所有现代技术分析理论的基础，K 线在欧美证券界逐步受到重视，斯蒂芬·尼森将 K 线技术的光芒照耀到了欧美各国，由此开启了东西方共享 K 线技术的新时代，而本书正是在这样的新时代背景下产生的。

第一节　看涨吞没形态解剖

在 14 个高效 K 线组合中，看跌吞没和看涨吞没是最为重要的两个，因为这两个形态出现的频率与早晨之星和黄昏之星相比起来更高，同时与刺透形态和乌云盖顶相比起来更可靠。既然看跌吞没和看涨吞没这么重要，那么我们就应该好好地掌握它们，在理论上吃透它们，在实践上驾驭它们。在本小节，我们就从理论层面去把握它们，也就是从形态解剖的角度吃透它。请看图 2-1，这是上证指数的日 K 线走势图，最近两日的 K 线就是典型的看涨吞没形态。看涨吞没的研判有三个要点：第一个要点是最近一根 K 线是阳线，而之前一根 K 线则是阴线，也就是说两根 K 线的颜色是相反的。这里要注意的一点是，看跌吞没的第一根 K 线是阳线，第二根 K 线是阴线，而看涨吞没的第一根 K 线是阴线，第二根 K 线是阳线。这种差别反映了市场情绪的转变，就看跌吞没而言，意味着前日微弱的多头优势被次日较强的空头优势所代替；就看涨吞没而言，意味着前日微弱的空头优势被次日较弱的多头优势所代替，这种多空情绪的转化是我们要透过 K 线变化把握的首要因素，也就是说 K 线是市场情绪的体温计。研判看涨吞没的第二个要点是在该组合出现之前，股价应该呈现出显著的下跌走势。第三个要点是阳线的实体应该覆盖住阴线的实体，也就是说阳线的开盘价应该不高于阴线的收盘价，最好是低于阴线的收盘价；而阳线的收盘价应该不低于阴线的开盘价，最好是高于阴线的开盘价。当然，两者的实体不能刚好一样大，阳线的实体一定要比阴线的实体大，而且相差幅度越大越好。

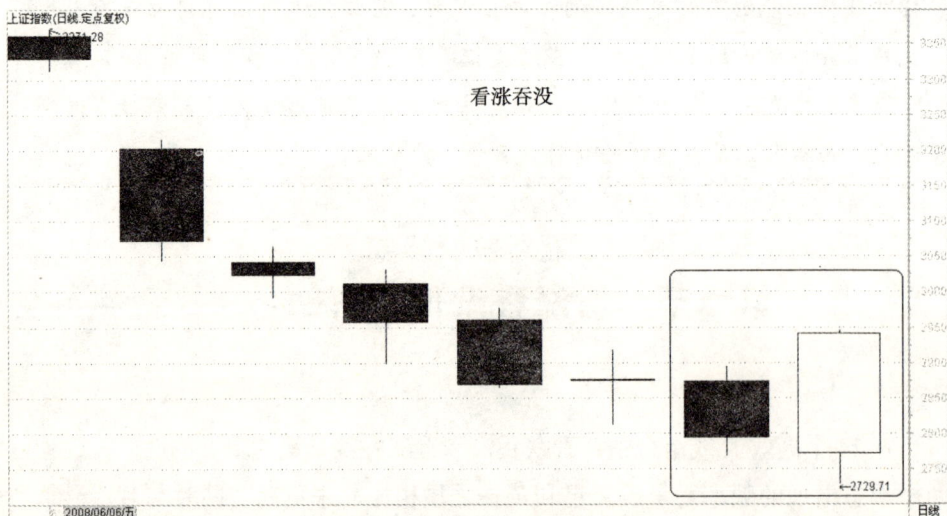

图 2-1　上证指数看涨吞没形态解剖

第二节　看涨吞没形态实例一

我们现在来看一些具体的实例。第一个实例是 *ST 国农，大家着重从中掌握利用三步法对个股看涨吞没形态进行筛选和操作的流程。

1. 看盘

当我们进行股票例行"海选"的时候，从两市众多股票中选出了包括 *ST 国农在内的几十只股票。为什么选择 *ST 国农呢？请看图 2-2，最为重要的原因是初步看来它似乎出现了看涨吞没形态。初选有几十只股票，我们不可能将资金分散到这么多只股票上一起操作，所以我们还需要在看盘之外加上解盘的环节。通过进一步地筛选，我们除了可以对股票池中的对象进一步过滤外，还可以极大地提高操作的可靠性。

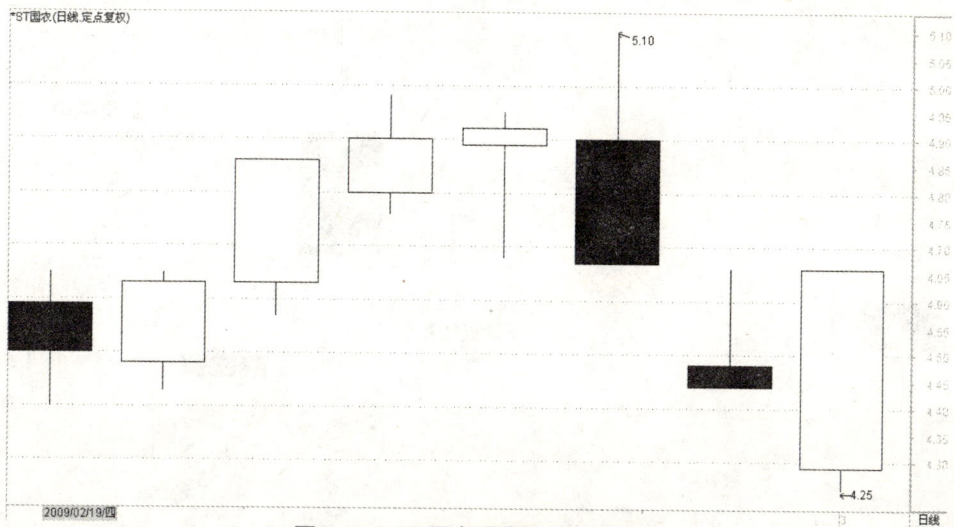

图 2-2　*ST 国农看涨吞没形态看盘

2. 解盘

　　*ST 国农通过看盘的环节，进入到我们的股票池，但是不能马上介入，因为股票池中的个股过多，所以需要进一步地筛选，这就需要经过解盘环节，请看图 2-3，*ST 国农当下走势中出现了一根大阳线，将股价从 4.25 元附近的阶段性底部拉起，同时之前一日是一根上影线很长的小实体 K 线。这样的走势形态符合不符合看涨吞没的解剖特征呢？首先，阳线在后，阴线在前，符合了一个特征；其次，*ST 国农的股价一直处于下跌状态，也就是说此形态组合出现之前的股价走势一直处于显著下跌走势，又满足了一个特征；最后，阳线的实体覆盖了阴线的实体部分，注意这里是实体部分，而不包括影线部分，也就是说阳 K 线的影线部分可以不如阴 K 线影线部分长。通过解盘这个步骤，我们进一步确认了 *ST 国农看涨吞没的有效性，于是我们进入到下一个环节。

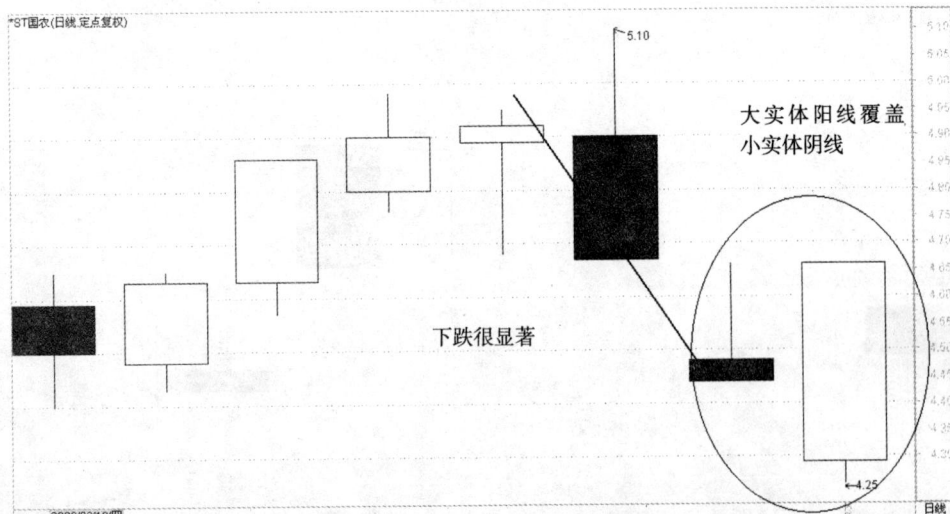

*ST国农(日线 定点复权)

5.10

大实体阳线覆盖
小实体阴线

下跌很显著

4.25

2009/02/19/四

图 2-3　*ST 国农看涨吞没形态解盘

3. 操盘

经过看盘和解盘两个步骤的确认，我们已经将 *ST 国农纳入最终介入的名单中，请看图 2-4。在 *ST 国农形成阶段性低点 4.25 元之后，股价迅速拉起，这是典型的看涨吞没形态，于是我们应在次日开盘时买入，并将进场后的止损点设置在看涨吞没最低价附近。由于股价并未跌破最近两日最低点，同时也没有出现看跌反转 K 线形态，于是我们应继续持有多头仓位。当然如果你是 *ST 国农融券做空炒家，那么就应该在看涨吞没出现之后迅速了结至少部分的空头仓位。

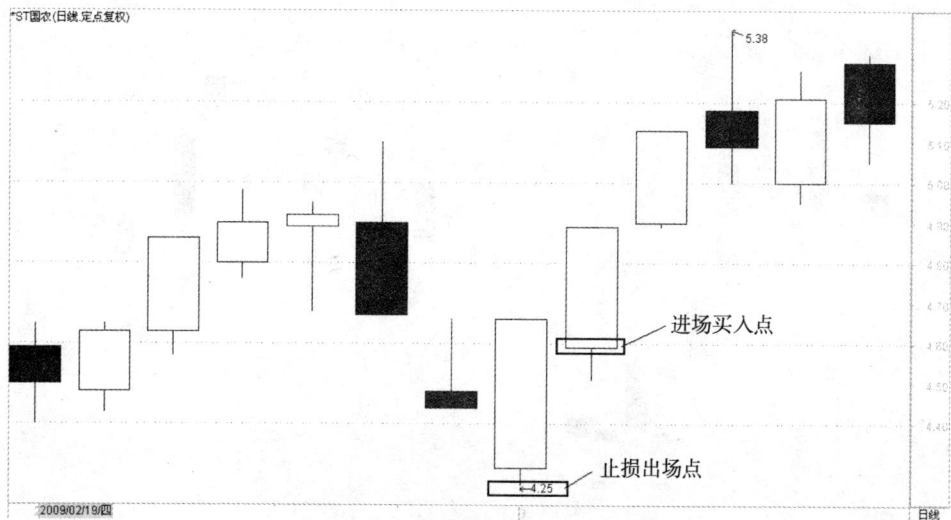

图 2-4　*ST 国农看涨吞没形态操盘

第三节　看涨吞没形态实例二

下面我们再来看看涨吞没操作的第二个实例，就是南玻 A，这只股票走势显得比较震荡。

1. 看盘

我们第一步是初选出恰当数量的目标类型股票，按照看涨吞没的要点特征，我们从两市众多股票中找到了包括南玻 A 在内的数十只个股。在快速翻动个股 K 线走势图的过程中，我们通过浏览，初步认为南玻 A 存在较好的买入操作机会，因为它当下的走势可能存在一个看涨吞没，当然还需要进一步地确认才行，只是靠看盘是无法找到最终值得介入的股票的。

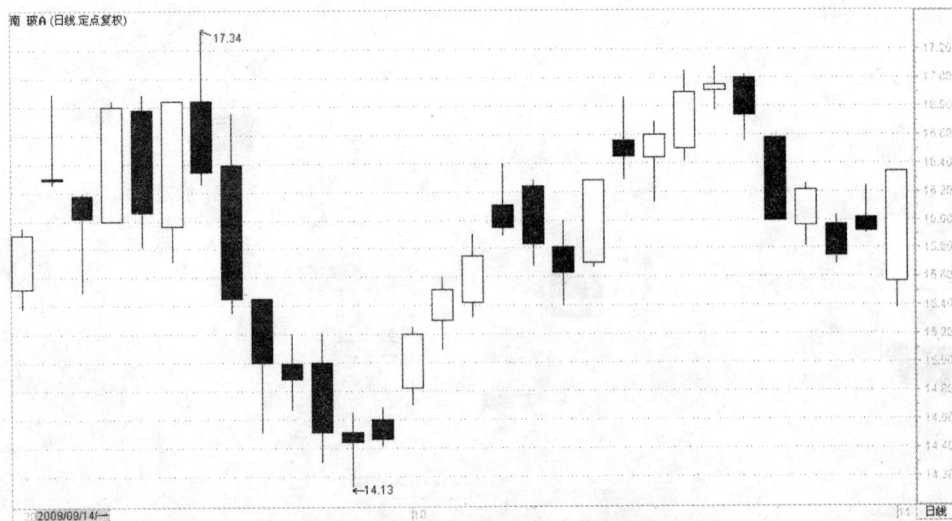

图 2-5　南玻 A 看涨吞没形态看盘

2. 解盘

在初步筛选出南玻 A 之后，我们并不急于介入，因为还需要对南玻 A 当下的形态和走势作进一步的细致评估。请看图 2-6，南玻 A 在最近一直处于较为显著的下跌走势之中，这就符合了看涨吞没的第一个条件。南玻 A 最近两根 K 线依次是阴 K 线和阳 K 线，这就符合了看涨吞没的第二个条件。同时阳 K 线的实体部分覆盖了阴 K 线的实体部分，这就符合了看涨吞没的第三个条件。既然解盘环节将南玻 A 保留在了股票池之内，那么我们就应该进一步抓住时机对这只股票进行操作。

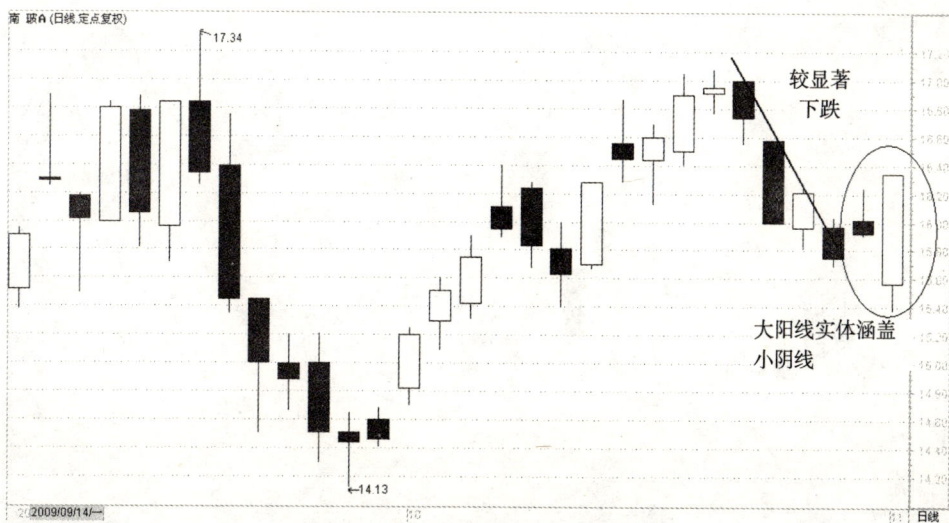

图 2-6　南玻 A 看涨吞没形态解盘

3. 操盘

选出南玻 A 作为介入对象之后，我们就要在操盘环节先进行仓位规划，请看图 2-7。看涨吞没被确认后，在次日开盘买入。也就是说在构成看涨吞没第二日 K 线收盘后完成看盘和解盘两步工作，然后在次日开盘买入。那么，出场点应该设在什么价位水平呢？出场点分为两类，第一类是亏损出场点，第二类是盈利出场点。亏损出场点应设置在看涨吞没最低价附近，盈利出场点则有两个，每个盈利出场点各负责一半仓位的出场。请看图 2-7，在股价跌破最近两日最低点的时候，我们就应卖出一半的南玻 A，然后股价在调整后继续上扬，最终在出现看跌吞没之后，我们再卖出剩下的一半南玻 A。盈利出场分为两个部分，一个部分在股价跌破两日最低点的时候执行，另外一个部分在股价出现看跌反转 K 线后执行。当然，这是对于买入情况而言，如果是卖空情况，则一半的盈利仓位在股价跌破两日最低点的时候执行，另外一部分则在股价出现了看涨反转 K 线之后执行。

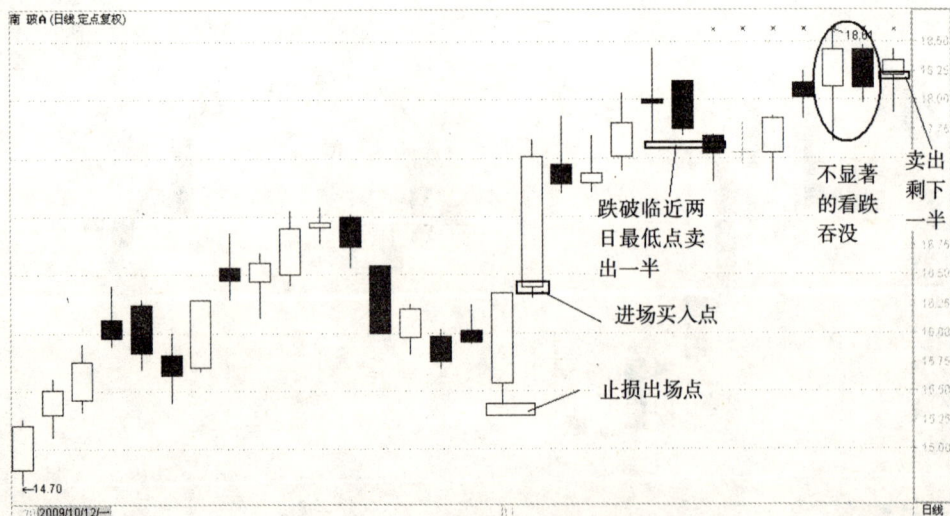

图 2-7　南玻 A 看涨吞没形态操盘

第四节 看涨吞没形态实例三

接着，我们看另外一个看涨吞没的实例，就是 *ST 深泰。我们在两市的众多的股票中，找到了当下最具有看涨吞没走势的 *ST 深泰这只股票。

1. 看盘

*ST 深泰在初选中被发现可能具有看涨吞没形态，请看图 2-8。初选使得 *ST 深泰具有了进一步筛选的资格，也就是说它进入到了股票池中，然后我们需要通过解盘环节进一步地对其进行考核。

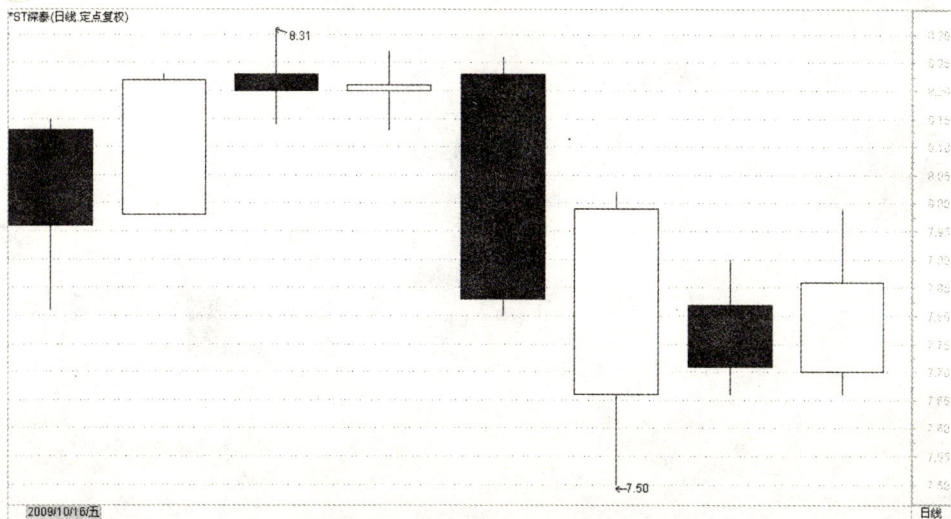

图 2-8 *ST 深泰看涨吞没形态看盘

2. 解盘

　　*ST 深泰当下的走势经过了看盘的初选进入到了我们的视野，现在通过解盘环节对其看涨吞没形态的有效性进行确认。请看图 2-9，*ST 深泰最近一直处于下跌走势之中，这符合了看涨吞没的一个条件。另外，*ST 深泰最近两日依次是阴线和阳线，同时阳线实体覆盖了阴线实体，这样 *ST 深泰最近走势就完全符合了看涨吞没的三个条件。

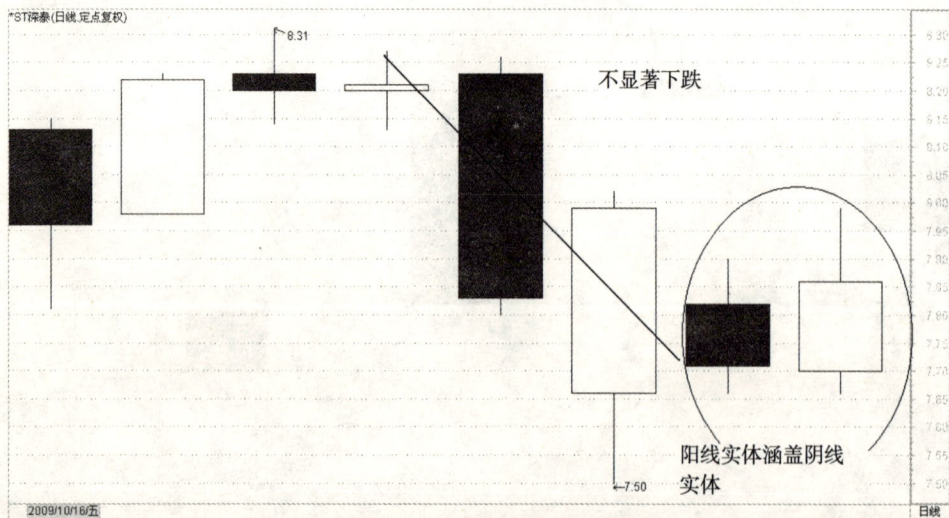

图 2-9　*ST 深泰看涨吞没形态解盘

3. 操盘

下面，我们准备具体操作 *ST 深泰，利用它出现的看涨吞没进行操作，请看图 2-10。在看涨吞没的阳线之后，我们开盘买入。买入后，我们在看涨吞没的最低点处附近设定了止损出场点。股价很快大幅度攀升，在出现了看跌母子之后，我们选择了结一半的仓位，毕竟涨幅已经很大了。然后，股价跌破了最近两日的低点，于是我们卖出剩下的一半 *ST 深泰股票。

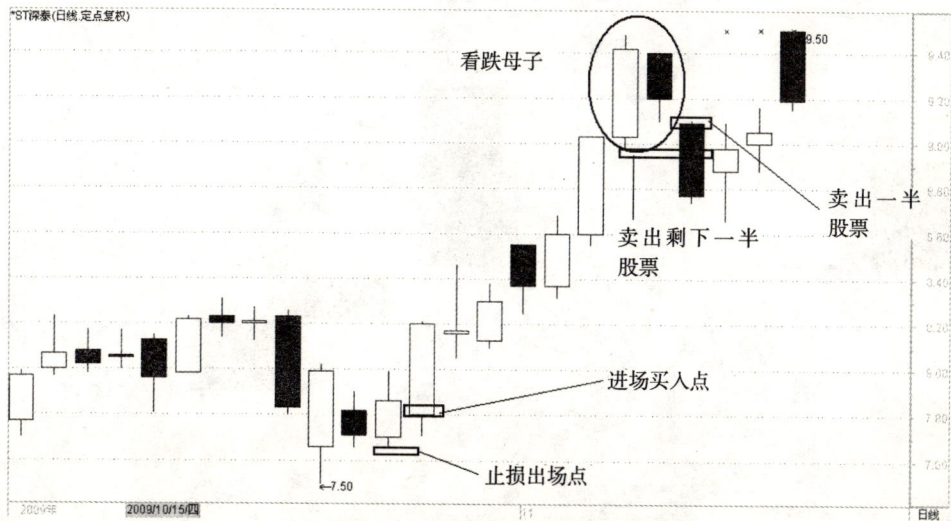

图 2-10　*ST 深泰看涨吞没形态操盘

第五节　看涨吞没形态实例四

　　看涨吞没是一个极其可靠的买入信号，能不能掌握这个信号，对于炒股者水平的提高具有十分关键的意义和价值。在结束本章的全部内容之前，我们最后再看一个实例，这是 ST 康达尔的例子。一般而言，一只股票在一年之内至少有两次左右的看涨吞没信号，这也就意味着一只股票一年内会提供一次以上的买入机会。看涨吞没如果发出失败的信号，设定进场止损后，损失极小，但是一旦成功，利润将变得极大。

1. 看盘

　　在例行每日盘后的股票初选中，我们发现了 ST 康达尔这只股票，于是我们将其放入到股票池中，为什么选择这只股票呢？请看图 2-11，粗略看来，ST 康达尔最近走势具备了看涨吞没的一些特征。两市所有股票浏览完了之后，我们对进入股票池中的几十上百只股票进行深入的筛选。

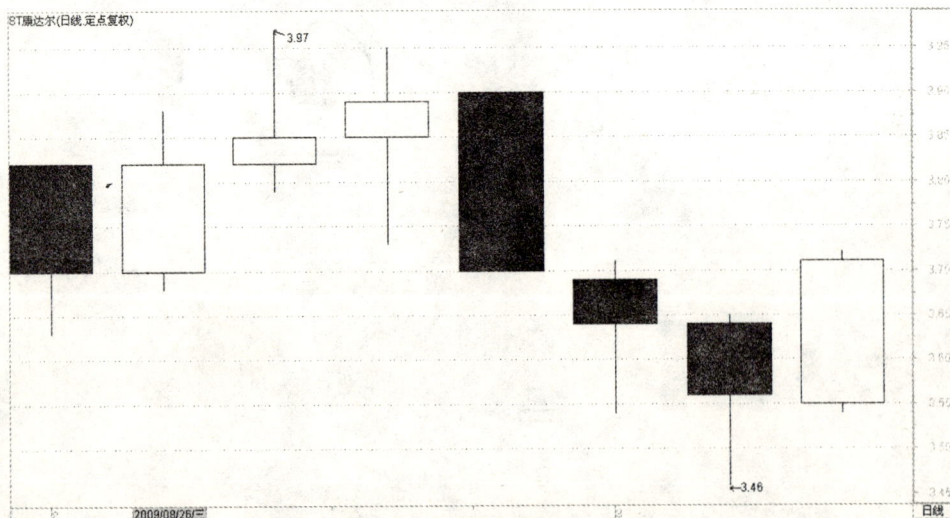

图 2-11　ST 康达尔看涨吞没形态看盘

2. 解盘

ST康达尔最近的走势符合看涨吞没的模型要求吗？请看图 2–12，股价在最近出现了一段为期三日的显著下跌，连续三日的阴线刚开始会让我们以为是"三只乌鸦"，但是紧接着出现的大实体阳线则迅速改变了我们对市场的看法。这种根据市场走势及时调整自己看法的做法并不是缺乏立场，而是体现了技术分析要求的"顺势而为"原则。另外，由于最近两日的K线依次是阴线和阳线，同时阴线的实体部分被阳线的实体部分所覆盖，这样ST康达尔最近的走势就完全符合了看涨吞没的特征。

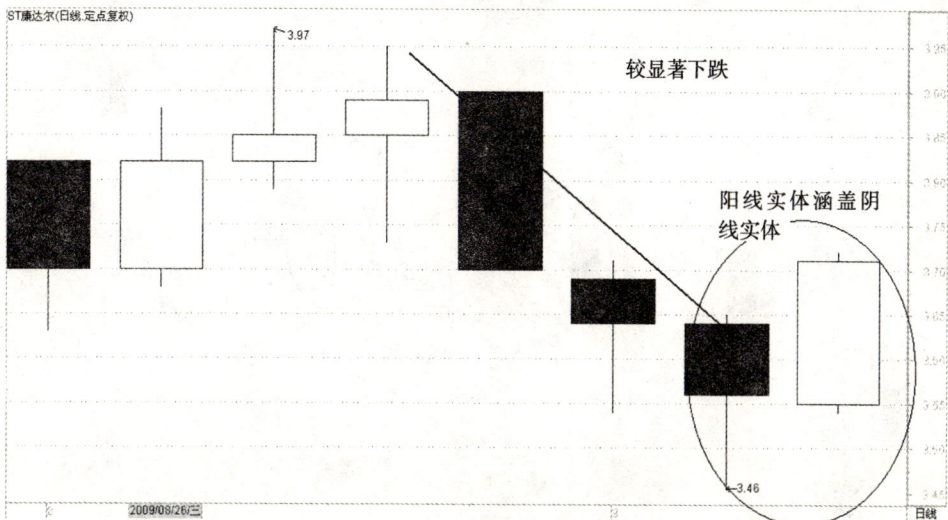

图 2–12 ST 康达尔看涨吞没形态解盘

3. 操盘

ST 康达尔通过了初选和复选，我们决定将一部分资金平均分配到 ST 康达尔等几只复选通过的股票上。仓位规划中，我们在看涨吞没次日开盘的时候买入，同时将止损出场点设置在看涨吞没最低点附近，具体而言就是阴 K 线最低点附近。那么，盈利出场点呢？在进场后不久，股价连续三日拉升之后，出现了看跌母子，于是我们卖出手头一半的 ST 康达尔，然后继续持有剩下的一半仓位。市场在此之后进一步地上升，而且上升幅度与此前的差不多，然后股价出现了调整。调整中股价跌破了最近两日的最低点，于是卖出剩下的一半仓位。

看跌吞没和看涨吞没我们都进行了深入而全面的介绍，同时在三步法的框架下演示了它们的运用之道。在股票市场上，所谓的看盘和解盘，以及操盘绝大多数都是围绕今天学习的这两种超高效形态展开的。但是，光是掌握这两种形态还不够，毕竟我们在出场的时候还是会用到其他的形态，同时在没有这两种高效形态出现的时候，我们还可以通过选择其他形态筛选来获得一些效率稍低的进场机会。

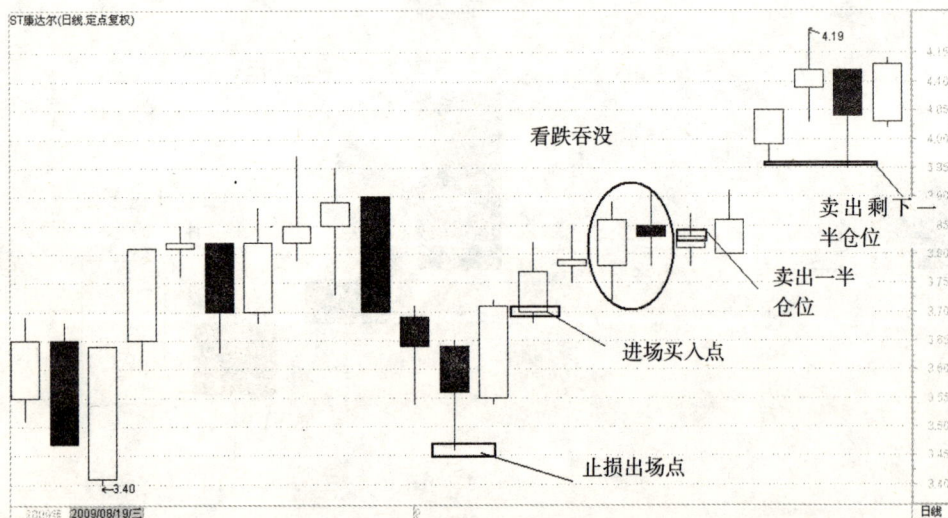

图 2-13　ST 康达尔看涨吞没形态操盘

星期二
早晨之星　黄昏之星

第三章　高效组合 3——早晨之星

　　早晨之星在股票市场中出现的概率要比看涨吞没小很多，但是它仍旧是一种极高效的 K 线组合，在本章中我们会对此进行阐述，重要的是解剖其技术形态，同时在三步法的框架下对其运用进行演示。在传统的 K 线教科书中，早晨之星的地位甚至比看涨吞没更高，因为早晨之星体现了完美的技术形态。下面，我们就步入到本章的正文吧。

第一节　早晨之星形态解剖

　　由于指数是技术形态的最佳典范，因此我们仍旧以上证指数作为代表来说明早晨之星这一形态。请看图 3-1，这是上证指数的日线走势图，请看最近三日的 K 线形态。第一日是下跌的大阴线，在大阴线实体最低点附近出现了小实体的 K 线，这根 K 线可以是十字星，也可以是阴线，也可以是阳线，这些并不关键。然后，在小实体 K 线之上一些出现了大实体的阳线，一般而言，此阳线的实体部分相对于阴线的实体部分越大越好，这表明此时的市场做多情绪和力量要比此前市场做空情绪和力量更强劲。大实体阴线代表着市场处于空方主导的形势中，而大实体阳线则代表着市场处于多方主导的形势中，两者之间的小实体 K 线则意味着市场中多空双方处于均衡状态。另外，早晨之星出现之前市场应该处于显著的下跌走势之中，这点是看涨反转 K 线组合都应该满足的条件。

上证指数(日线 定点复权)

5209.71

早晨之星

2007/12/10一

4812.16

日线

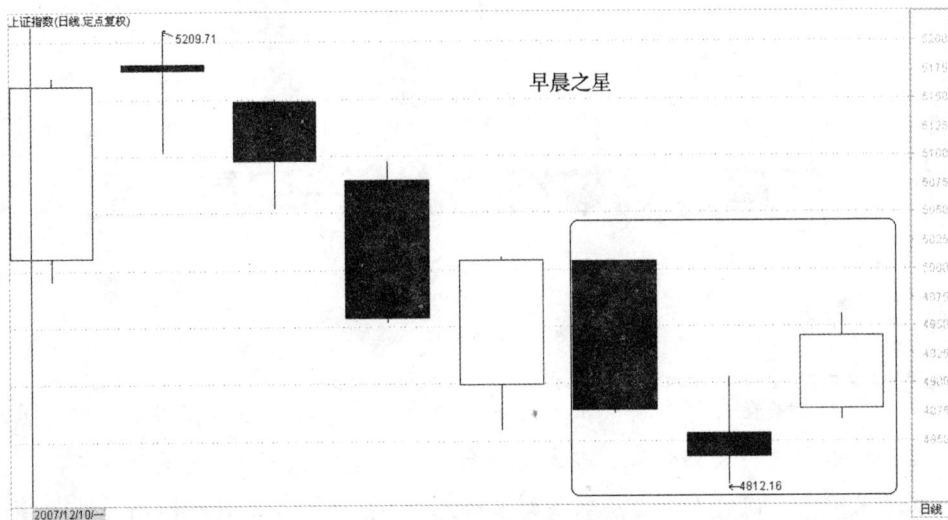

图 3-1　上证指数早晨之星形态解剖

第二节　早晨之星形态实例一

从本节开始，我们对早晨之星的具体运用进行讲解和演示，第一个实例是万科 A，这只股票广受到机构交易者的重视，而且由于其市值巨大，少数主力交易者操纵起来非常困难，自然也就是适合 K 线交易者操作。

1. 看盘

在一日例行的盘后筛选中，我们发现了万科 A，它可能具有早晨之星形态，如图 3-2 所示，于是我们将它放进到股票池中，以备进一步地考察。毕竟，发现一个早晨之星形态要比出现一个看涨吞没形态的概率低很多，同时一个粗略选中的早晨之星形态一般很难通过复选。

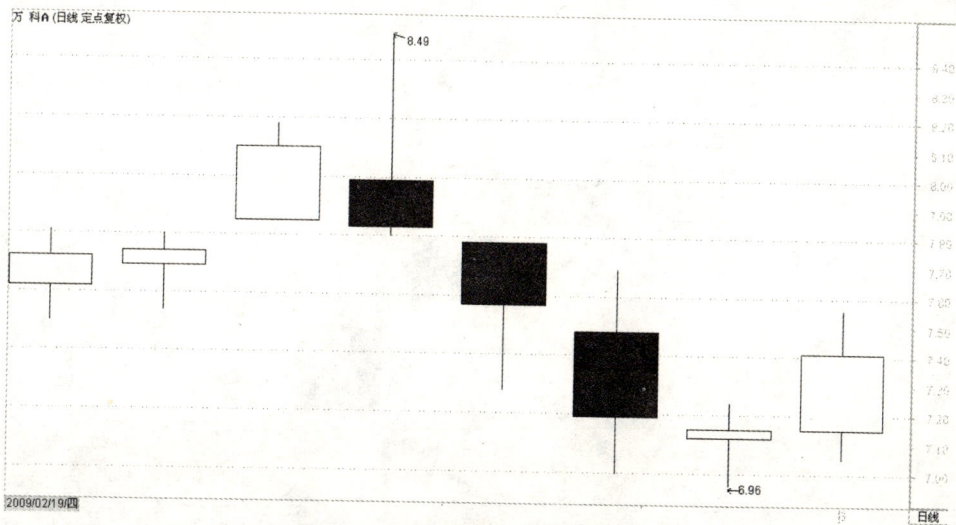

图 3-2　万科 A 早晨之星形态看盘

2. 解盘

在对两市股票海选完成之后，我们接着对股票池中的几十上百只股票进行复选，可能具有早晨之星形态的万科 A 是其中一只。请看图 3-3，万科 A 在出现该形态之前处于显著的下跌走势之中，这满足了早晨之星的一个条件。更为重要的是，万科 A 最近三日的 K 线形态依次是大实体阴线，小实体 K 线，大实体阳线。小实体 K 线位于大实体阴线和阳线的实体下端附近。阳线的实体部分与阴线的实体部分相当，这就增加了后市上涨的概率，于是我们将万科 A 列入了明日操作的名单。

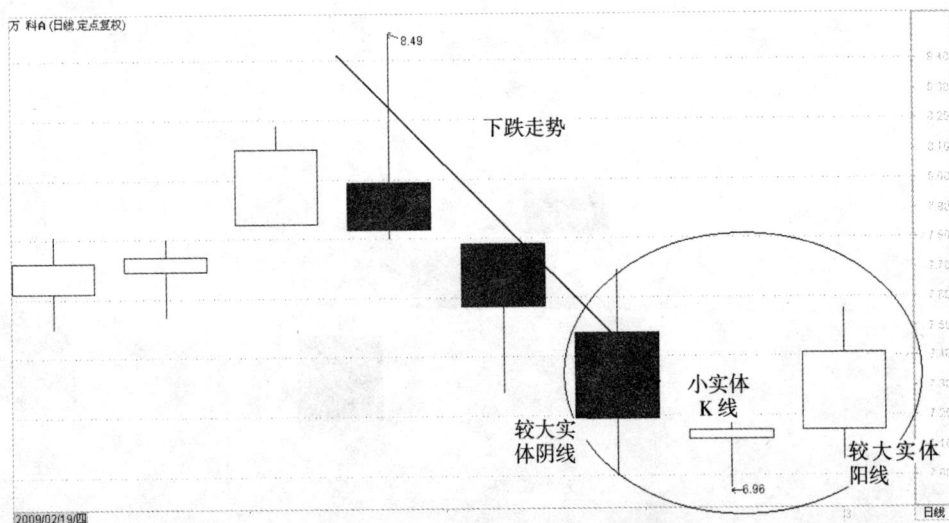

万 科A (日线 定点复权)

下跌走势

8.49

较大实
体阴线

小实体
K 线

较大实
体阳线

←6.96

2009/02/19/四

日线

图 3-3　万科 A 早晨之星形态解盘

3. 操盘

万科 A 复选通过之后，我们就需要进行落实实际介入的步骤了，具体而言就是一个进场点和三个出场点（三个出场点分为两类，第一类是止损出场点，第二类是盈利出场点，盈利出场点又分为两步，分别是跌破最近两日最低点出场点和反转形态组合出场点）。请看图 3-4，在早晨之星确认之后，我们在次日开盘的时候买入，此后股价继续上升。在 4 个交易日之后，股价出现了大阴线，于是我们卖出一半的仓位，剩下的仓位在次日因为股价跌破最近两日最低点而在盘中跌破时及时卖出。

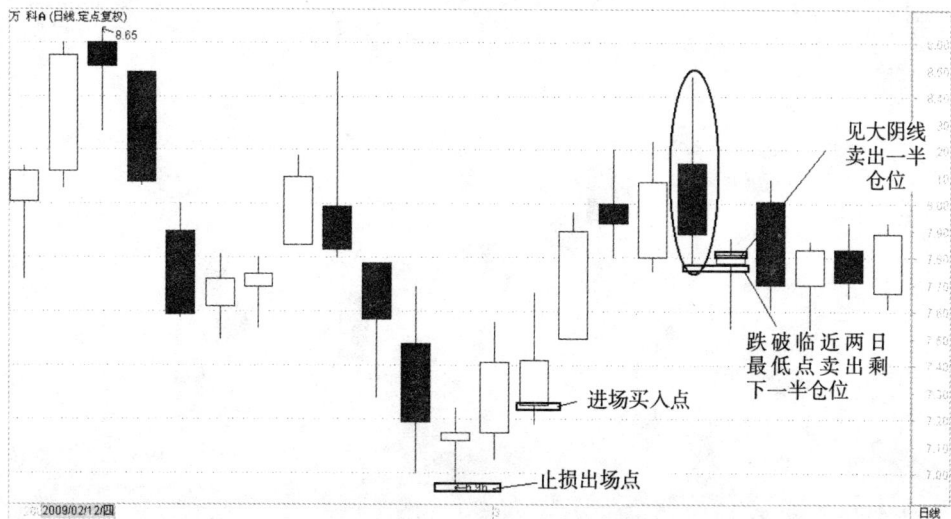

图 3-4　万科 A 早晨之星形态操盘

第三节　早晨之星形态实例二

接着来看第二个实例，这是中国宝安，如图 3-5 所示。早晨之星形态内部也存在着高效和低效之分，所谓高效的早晨之星，一般而言是那些阳线实体相对阴线实体更大，同时中间小实体 K 线接近于十字星；而所谓低效的早晨之星则相反。对于高效的早晨之星，我们需要采用相对更大的仓位来操作，而对于低效的早晨之星，则应该采用相对更小的仓位来操作。这样的差别是因为高效的早晨之星更容易成功，同时带来更丰厚的利润，从简单的概率计算上就应该这样去处理。

1. 看盘

在盘后例行的股票初选中，我们发现中国宝安可能具有一类特殊的早晨之星，如图 3-5 所示。较为标准的早晨之星是由三根 K 线组成的，而中国宝安当下的早晨之星则是由四根 K 线组成的，中间是两根小实体 K 线，这就是中国宝安的特殊之处，为什么会这样呢？这是因为市场较标准状态更长时间地处于均

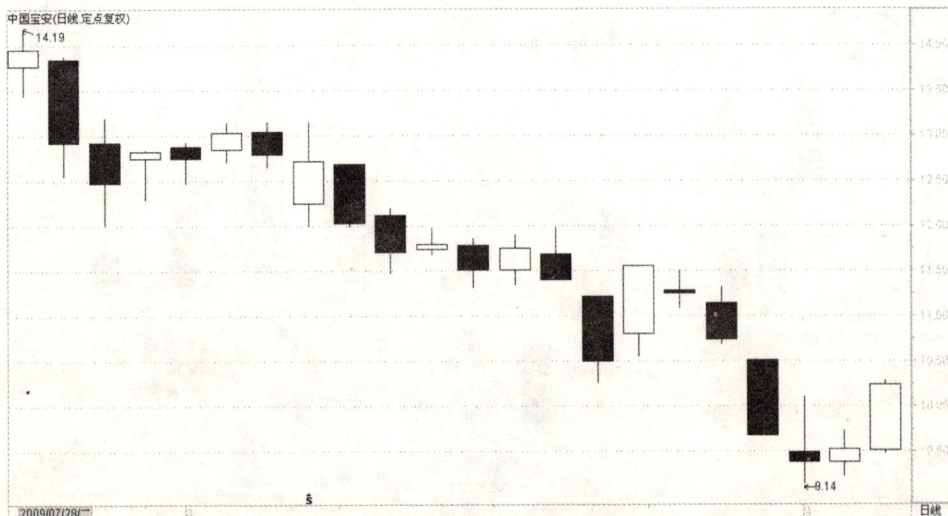

图 3-5　中国宝安早晨之星形态看盘

衡状态。这类特殊的早晨之星仍然是有效的，而且其效力也是通过查看大阴线和阳线的实体大小对比，以及中间 K 线的实体大小来进行判断的。

2. 解盘

将中国宝安选入股票池之后，我们需要进一步对其进行甄别，还是按照早晨之星的形态解剖特征进行核实。请看图 3-6，这是一个特殊的早晨之星，中间的 K 线实体非常小，虽然不是十字星，但还是标准的纺锤线（实体部分小的 K 线），同时大阳线的实体部分相对于大阴线的实体部分而言并不小，所以整体而言还是一个效力中等水平的 K 线，我们因此决定以中等偏下的仓位来操作它。

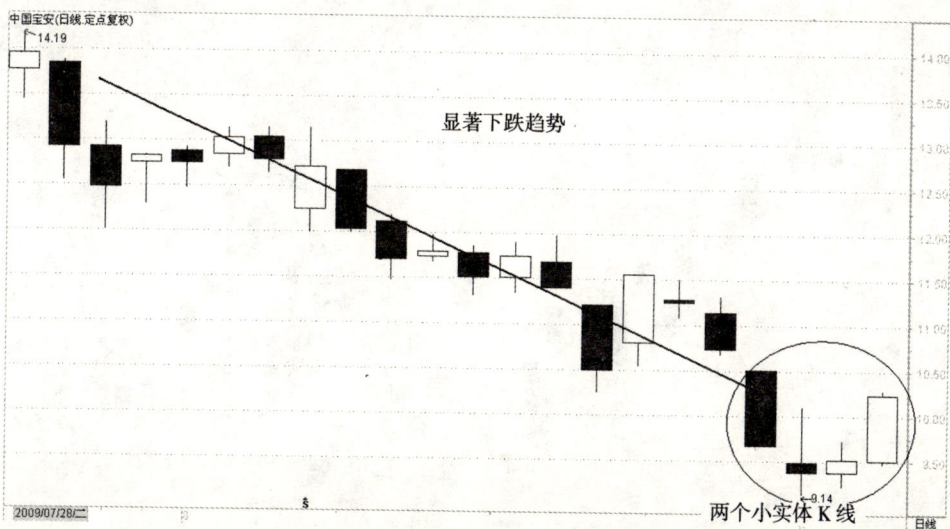

图 3-6 中国宝安早晨之星形态解盘

3. 操盘

中国宝安这种形式的早晨之星在股票市场上并不少见，虽然比起标准的早晨之星出现的概率要低很多，但也要几年才出现一次。中国宝安通过解盘环节的筛选之后，我们就需要落实仓位规划以便进行实际操作。请看图 3-7，早晨之星是在盘后分析中确认的，一旦确认则在次日开盘时买入，大约在同时将止损出场点规划在早晨之星在最低价位。买入后股价出现了大幅度的飙升。在一周之后，股价跌破最近两日的最低点，于是卖出一半仓位。次日，股价大幅度地拉升，然后出现了十余日来的最大阴线，于是在次日开盘时应卖出剩余的一半仓位。

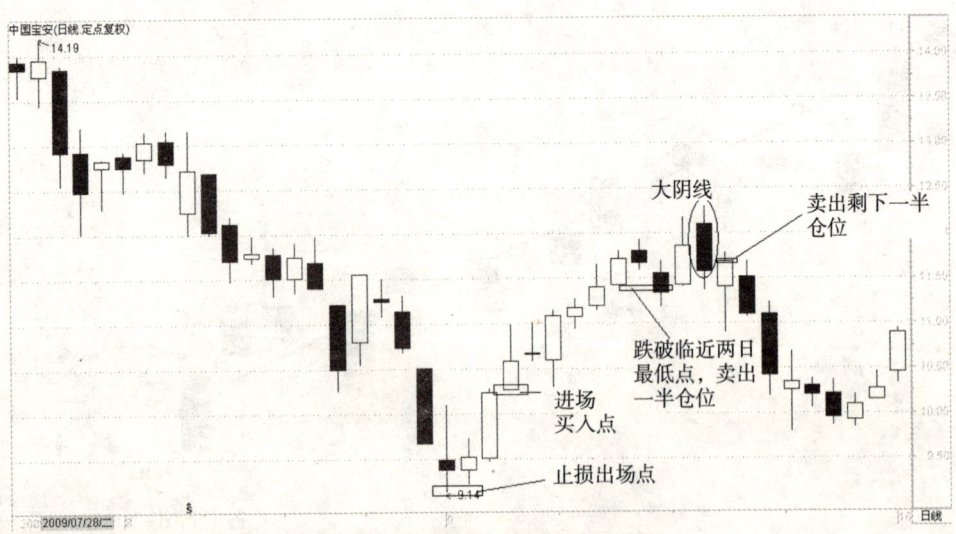

图 3-7　中国宝安早晨之星形态操盘

第四节　早晨之星形态实例三

早晨之星的确认存在一些主观成分，这点与看涨吞没有差异，为什么会这样呢？毕竟早晨之星涉及至少三根 K 线，而且三根 K 线的相对位置和实体大小判断是一个非常主观的过程。因此，早晨之星掌握起来存在一些难度，下面我们再来看两个实例，第一个实例是长城开发，如图 3-8 所示，另外一个实例将在本章的第五节演示。

1. 看盘

如何去破解早晨之星带来的谜思呢？关键是通过运用本章开头的技巧多做练习，熟能生巧。请看图 3-8，我们在一次盘后例行的股票筛选中发现了长城开发，它具有特殊的早晨之星，因为它是由四根而不是三根 K 线组成的。初步判断它具备早晨之星的形态特征，于是我们将它放进了股票池以便进一步地选择。

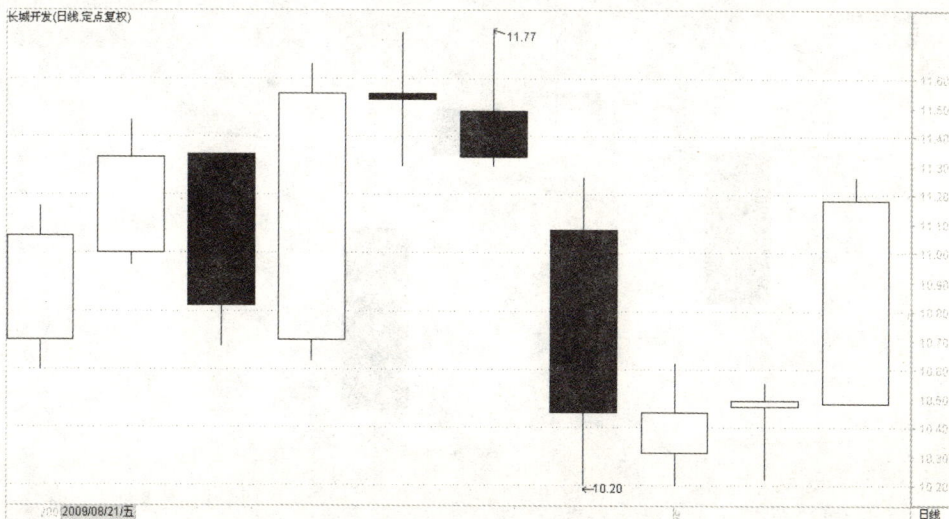

图 3-8　长城开发早晨之星形态看盘

2. 解盘

在完成两市股票的海选之后，我们对股票池中的备选股票进行进一步的评估，请看图 3-9，在这一步中我们对长城开发进行深入的审核。长城开发的最近四根 K 线分别是大阴线，小实体阳线，小实体阳线和大实体阳线，中间两根小实体阳线位于大阴线和大阳线的脚部位置，只是这四根 K 线出现之前股价的下跌并不是很显著，但是此特殊早晨之星出现的位置恰好在前期底部附近，有点双底的征兆，于是我们在解盘环节中，继续将长城开发留在股票池中，准备在操盘环节分别布置资金进行实际操作。

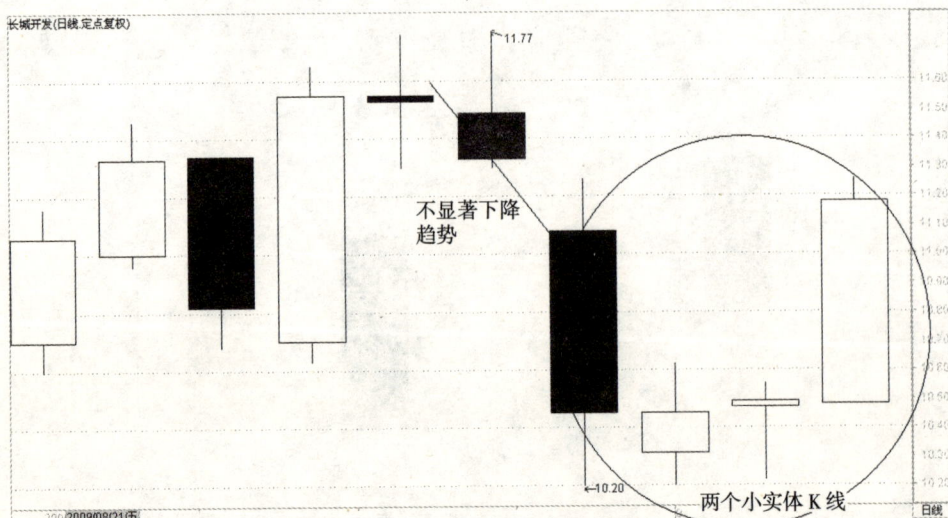

图 3-9 长城开发早晨之星形态解盘

3. 操盘

　　长城开发复选通过之后，我们着手分配资金进行操作。由于长城开发的早晨之星不属于高效等级，于是我们轻仓予以操作。我们是在收盘后确认的长城开发，然后在次日开盘的时候买入，止损点设定在早晨之星最低价附近。此后，股价拉升了两日，出现了十字星，与之前的 K 线构成特殊的看跌母子形态（看跌母子十字），由于这只股票的早晨之星效力不高，于是我们在此弱看跌反转形态出现之后卖出一半仓位，次日盘中跌破了近两日的最低点，于是卖出剩下的一半仓位。总之，该日开盘卖出一半仓位，盘中又卖出了另外一半的仓位。

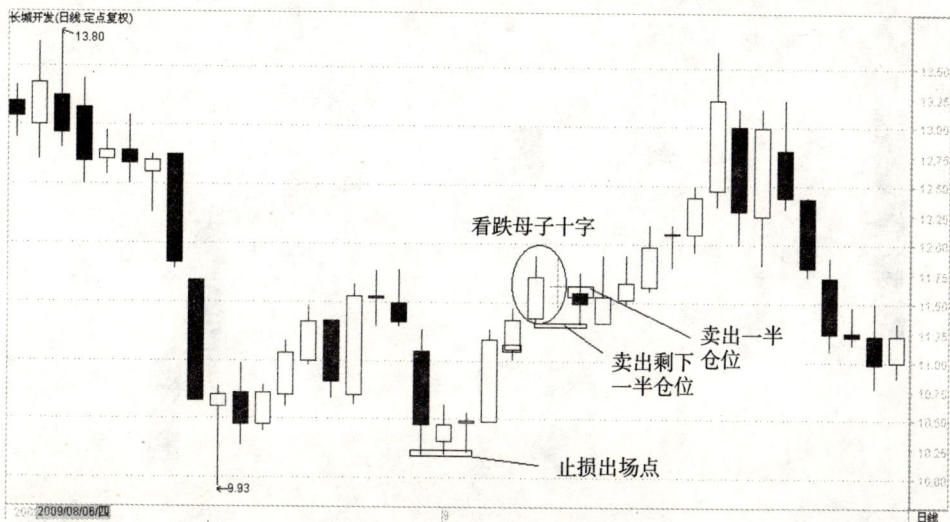

图 3-10　长城开发早晨之星形态操盘

第五节 早晨之星形态实例四

再来看最后一个实例，这是潍柴动力的例子，如图 3-11 所示，这是一个较为标准的早晨之星，而且是极高效的早晨之星，为什么会这样呢？请听下面的具体讲解。

1. 看盘

在两市股票海选中，我们发现了潍柴动力这只股票最近的走势构成了效力极高的早晨之星形态，如图 3-11 所示，于是我们将它放进了股票池中，以便进一步地检验，最终看是否符合实际操作的要求。

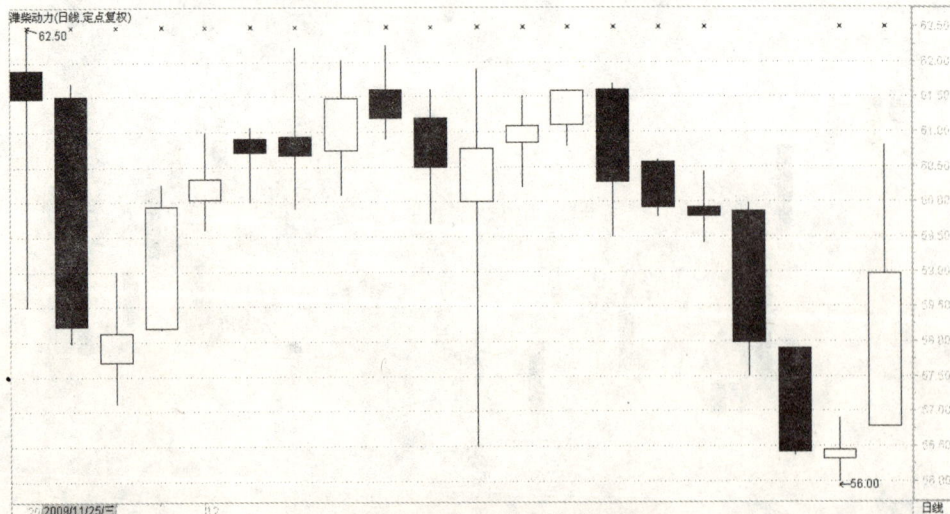

图 3-11 潍柴动力早晨之星形态看盘

2. 解盘

潍柴动力最近一直处于显著的下跌之中，有五个交易日连续下跌，如图 3-12 所示，最近三个交易日分别是大实体阴线，小实体阳线和大实体阳线。小实体 K 线位于大实体阴线和大实体阳线的脚部，更为重要的是大阳线实体部分基本上相当于大阴线实体部分的两倍，这是显著看涨的标志。市场的做多力量是此前做空力量的两倍，因此潍柴动力此后的上涨概率非常高，而上涨幅度也应该很大，于是这只股票通过了初选，我们接着准备进行仓位规划和介入。

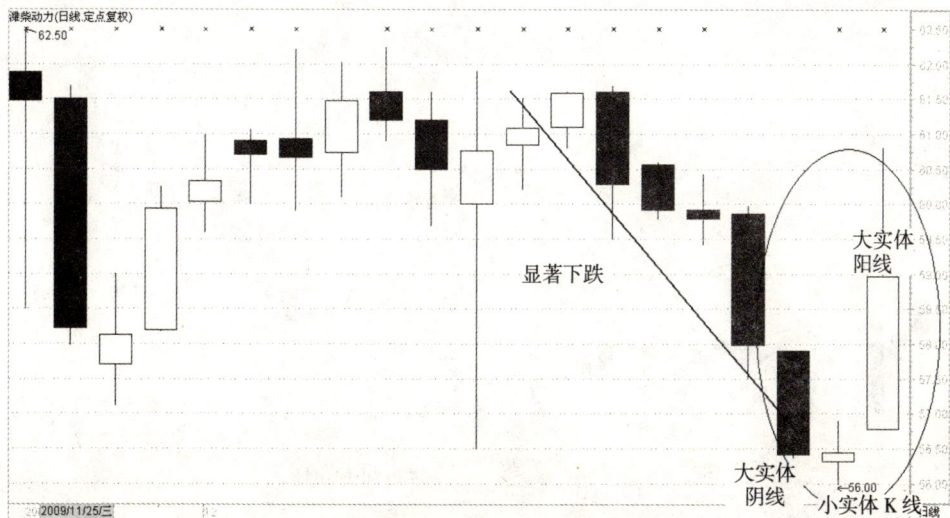

图 3-12　潍柴动力早晨之星形态解盘

3. 操盘

将潍柴动力作为操作对象之后，我们在次日开盘买入，而且是重仓买入，同时将止损出场点设定在早晨之星的最低点附近。买入后，该股连续涨了多日，然后出现了看跌吞没，于是卖出一半的该股。开盘卖出不久，盘中该股跌破最近两日的最低价，于是卖出剩下的半仓股票。不料股价次日大幅拉升，开始一段新的上升征途，当然这段行情不在我们的把握能力之内，当然也不敢奢求。

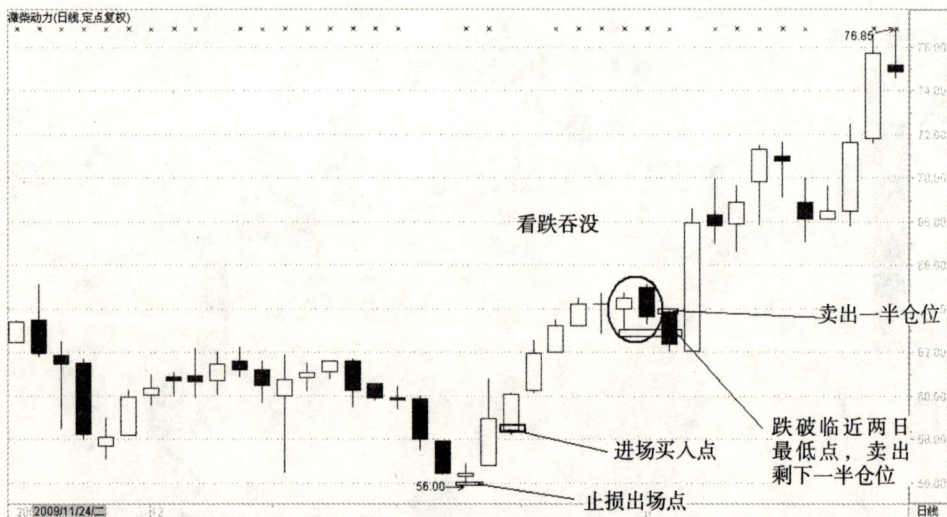

图 3-13　潍柴动力早晨之星形态操盘

第四章 高效组合4——黄昏之星

黄昏之星是与早晨之星对应的高效K线组合，也是本章的主题所在。黄昏之星是一个看跌形态，相比看跌吞没而言，黄昏之星出现的频率是非常低的，同时对黄昏之星的判断相比其他而言也存在很大的主观性，所以黄昏之星的研判效率要低于看跌吞没，但是相比其他K线组合而言，黄昏之星仍是一个研判价值较高的K线组合。

第一节 黄昏之星形态解剖

黄昏之星具有哪些形态特征呢？我们还是以上证指数为例，请看图4-1，这是上证指数的日K线走势图，请看最近三天的走势，第一天是大阳线，第二天是小实体K线，第三天是大阴线，当然大阳线和大阴线之间可能存在一根以上的小实体K线。黄昏之星的有效水平取决于两个因素：第一个因素是大阴线实体相对于大阳线实体的大小，如果大阴线实体相对于大阳线实体更大则效力水平越高；第二个因素则是中间小实体K线的实体小到什么程度，这点是大家需要注意的，小实体K线最理想的情况是十字星。通过上述介绍，我们对黄昏之星的形态特征应该有了非常精确的把握，下面几个小节我们将进一步演示如何在三步法的框架下运用黄昏之星筛选和操作个股。

上证指数(日线,定点复权)

5209.71

黄昏之星

←4798.01

2007/12/03/一

日线

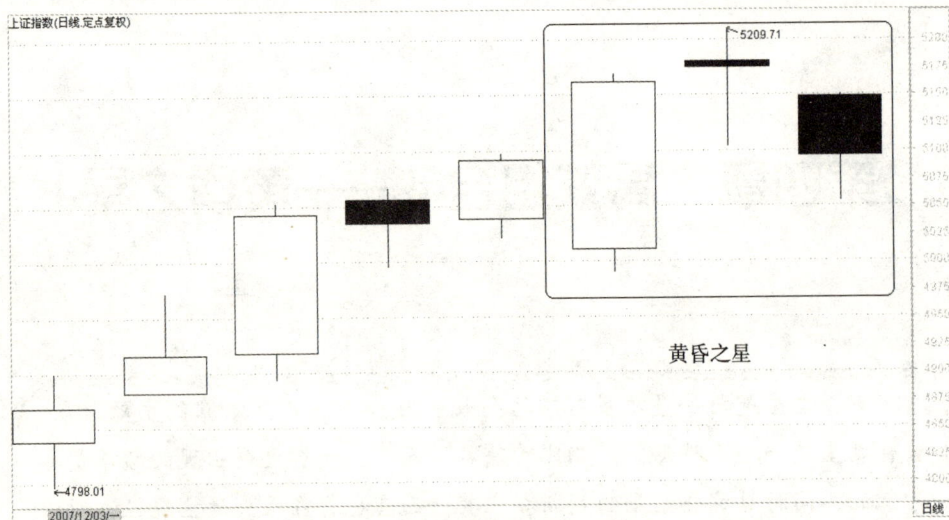

图 4-1　上证指数黄昏之星形态解剖

第二节　黄昏之星形态实例一

第一个实例是万科 A，它是沪深两市的龙头股，也是大资金们参与的热门股票之一，所以在这只股票上经常可以看到炒卖的机会。

1. 看盘

我们在两市海选中发现了当下的万科 A 走势中出现了黄昏之星形态，如图 4-2 所示，这是一个特殊的黄昏之星形态，可能为我们融券做空交易或者是了结多头仓位提供高效信号，于是我们将万科 A 加入到股票池中以便进一步地检验。

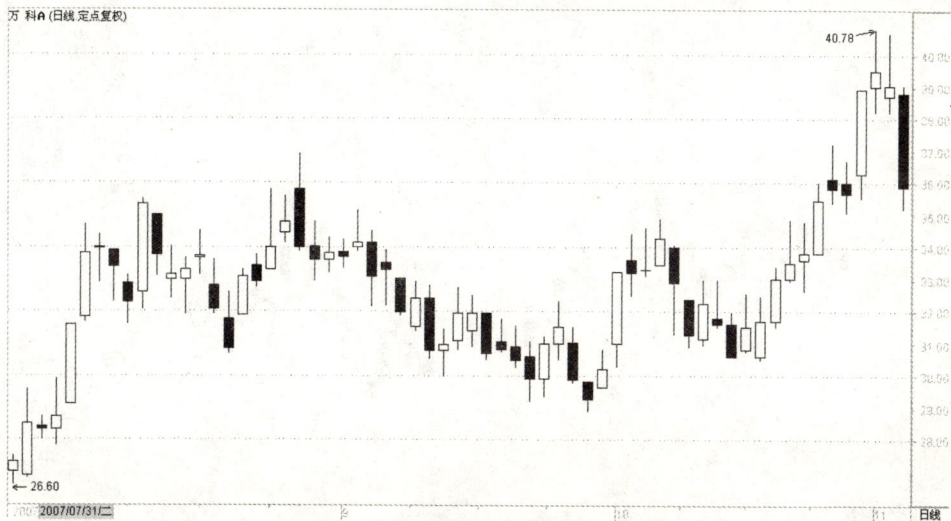

图 4-2　万科 A 黄昏之星形态看盘

2. 解盘

通过了看盘初选，并不意味着就有了直接操作的价值，我们还需要进一步分析和审查，这就是解盘环节。万科 A 当下的形态走势是否是黄昏之星呢？我们需要严格地检查，请看图 4-3。最近 4 个交易日的表现使它看上去像是特殊的黄昏之星。第 1 个交易日是上涨的大阳线，第 2 个交易日和第 3 个交易日是小实体阳线，第 4 个交易日是下跌的大阴线。而且大阴线的实体部分要明显比大阳线的实体部分大一点。同时，在该形态出现之前，股价经历过了一轮显著的上涨行情。综合考虑了这些条件之后，我们发现万科 A 有了实际操作的价值，于是继续留在股票池中作仓位规划。

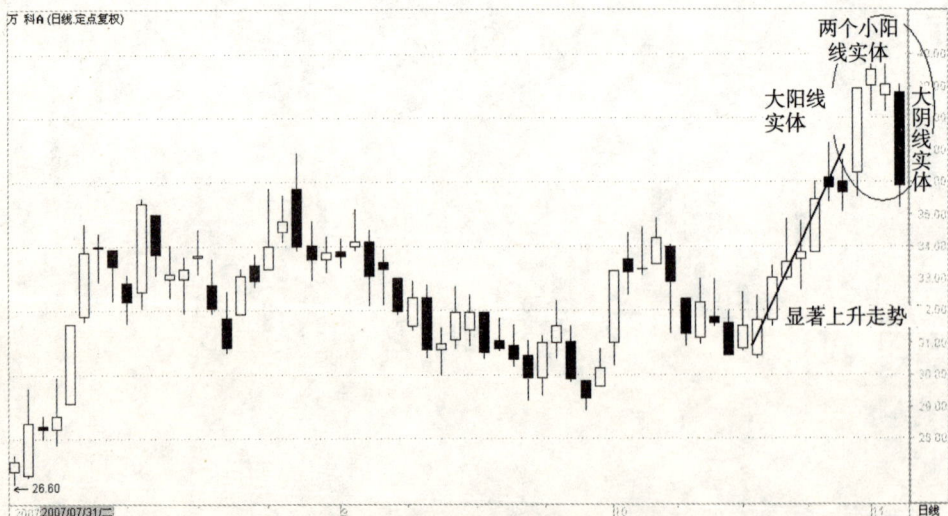

图 4-3 万科 A 黄昏之星形态解盘

3. 操盘

万科 A 纳入操作对象范围后,我们先要进行仓位规划,请看图 4-4。在黄昏之星出现次日开盘融券做空,止损设定在黄昏之星的最高点附近。进场后不久股价反弹突破临近两日的最高点,于是了结一半的空头仓位。后来,股价大幅下跌,在 30 元附近出现了早晨之星,于是了结剩下的一半空头仓位。

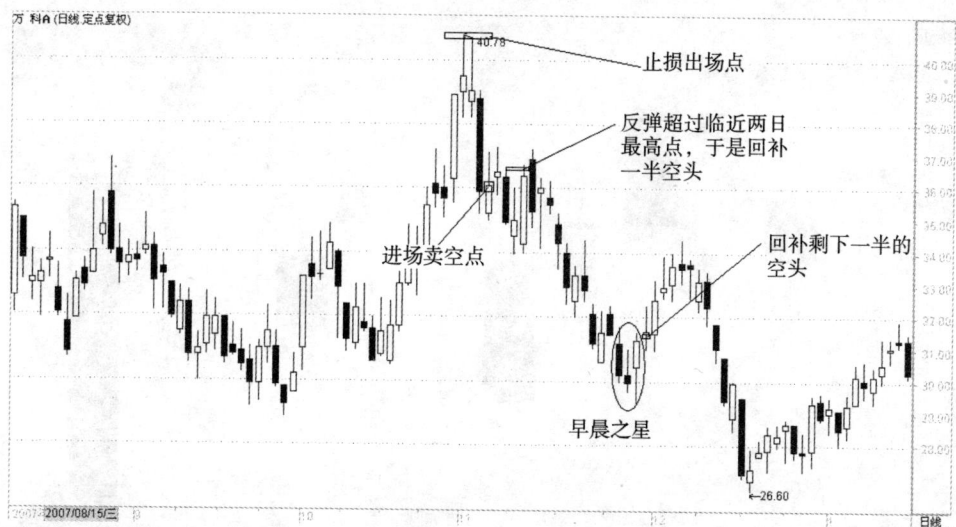

图 4-4 万科 A 黄昏之星形态操盘

第三节 黄昏之星形态实例二

接着来看第二个黄昏之星的实例，这是沙河股份的例子，这是一个存在一些瑕疵的普通黄昏之星，大家注意看它的瑕疵在哪里。

1. 看盘

沙河股份在初步筛选的时候被放入了股票池中，但是这只股票的形态比较奇怪，如图 4-5 所示，就感觉而言，这只股票的胜算率并不高，自然比起其他股票而言，更需要进一步地审核。

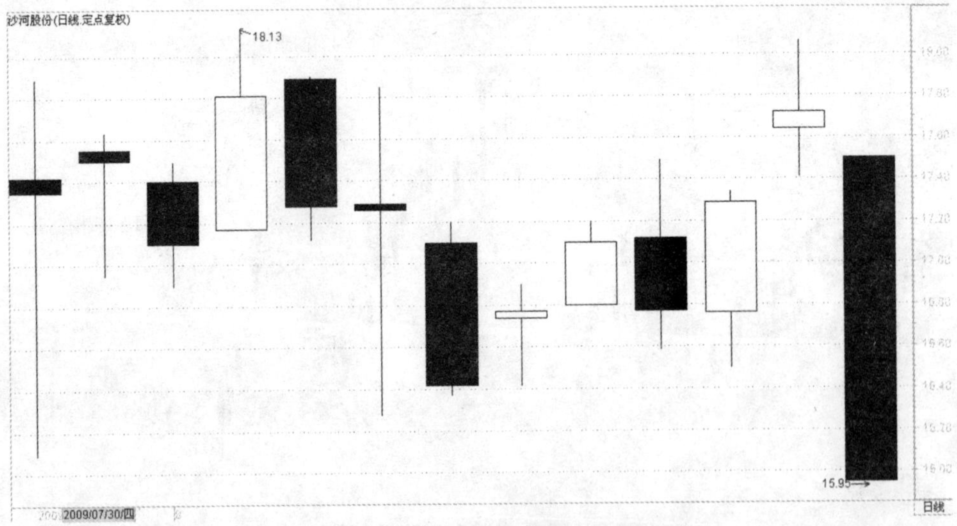

图 4-5 沙河股份黄昏之星形态看盘

2. 解盘

沙河股份这只股票当下的形态走势究竟在哪些地方存在瑕疵呢？请看图4-6，我们在解盘环节需要对这只股票进行更为详细的分析。这只股票最近3日分别是中等阳线实体，小实体K线和大实体阴线，而且大阴线的实体显著大于阳线的实体。不过，沙河股份在出现此形态之前并没有处于显著的下跌走势，这让操作沙河股份的胜算率和报酬率降低了，因此如果要勉强操作它，则必然要用很轻的仓位。

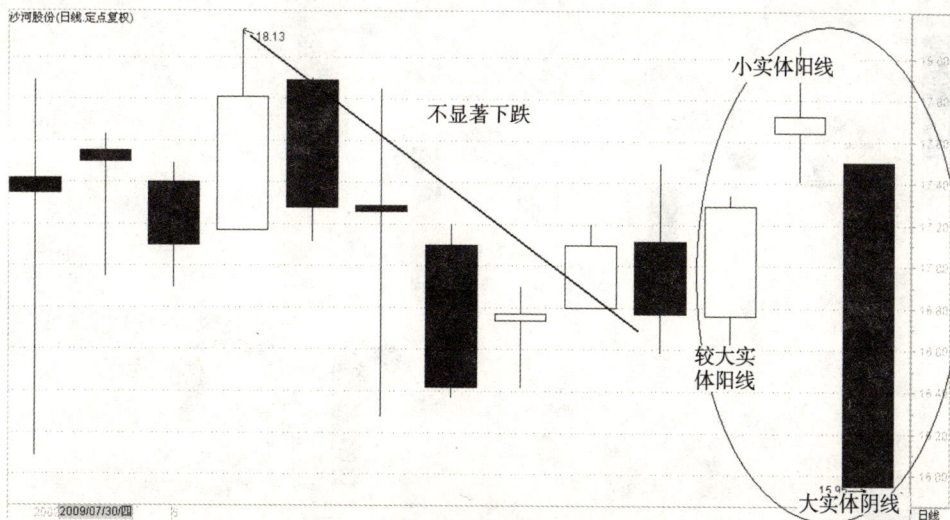

图4-6 沙河股份黄昏之星形态解盘

3. 操盘

如果我们要操作沙河股份，那么应该在大阴线次日开盘进场融券做空，止损点设定在小实体 K 线的最高价附近。入场后价格连续两日下跌，第三日开始回升，收盘后形成了一个看涨母子形态，如图 4-7 所示。由于沙河股份此前的黄昏之星形态不是很标准，因此我们见到这个形态之后就应迅速回补一半的空头仓位。此后，股价突破最近两日的最高点，于是我们了结剩下的一半空头仓位。就沙河股份这个实例而言，其黄昏之星形态并不标准，最主要的原因是之前并没有出现显著的下跌。对于本书的读者而言，如果以后遇到类似的情况，应该尽量避免介入，如果一定要介入的话，则应该以轻仓和窄止损策略为宜。

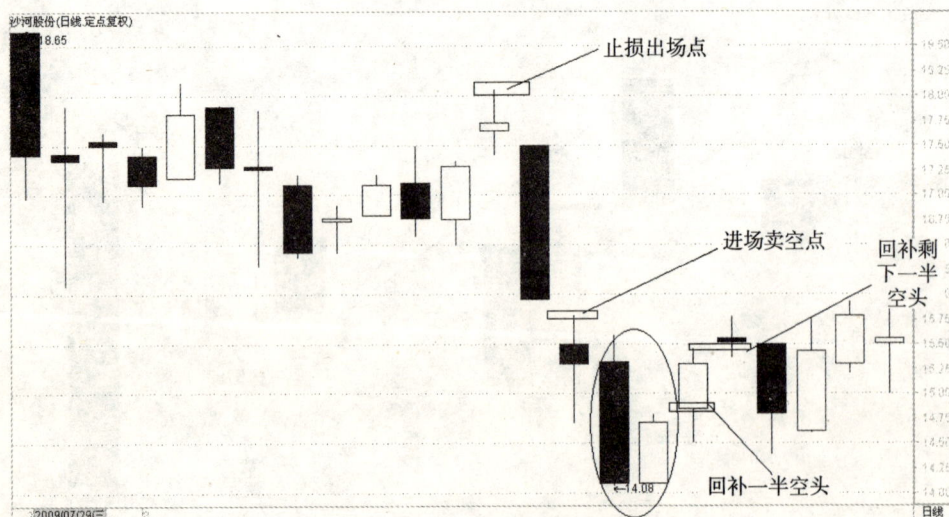

图 4-7 沙河股份黄昏之星形态操盘

第四节 黄昏之星形态实例三

我们再来看 3 个通过三步法框架利用黄昏之星筛选和利用个股做空机会的实例，这个例子是深赤湾。这个例子的特色之处在于黄昏之星中间的小实体 K 线是一个典型的十字星，这对于我们有什么具体的操作有意义吗？请仔细阅读下面相应的分析。

1. 看盘

在选股过程中，我们注意到了一个较好的融券做空机会，如图 4-8 所示，于是我们将深赤湾 A 放入到了股票池中，以便接受进一步地筛选。

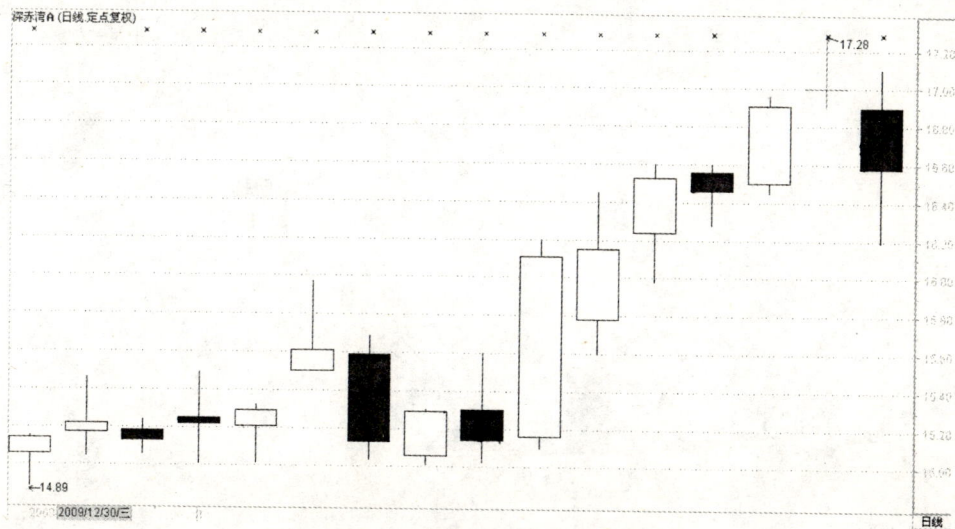

图 4-8 深赤湾黄昏之星形态看盘

2. 解盘

深赤湾最近的走势和形态是效力极强的黄昏之星，为什么这样说呢？请看图 4-9，在该形态出现之前股价出现了一段持续时间不短的显著上涨走势，这是其一。更为重要的是大阳线和大阴线之间的小实体 K 线的实体部分为一根横线，这表明市场力量由多头占优势转变为多空均衡，而此后的一根大阴线又让形势马上转到空头主动一边。通过解盘环节的深入剖析，我们确认了深赤湾 A 当下的形态是非常好的融券做空机会。

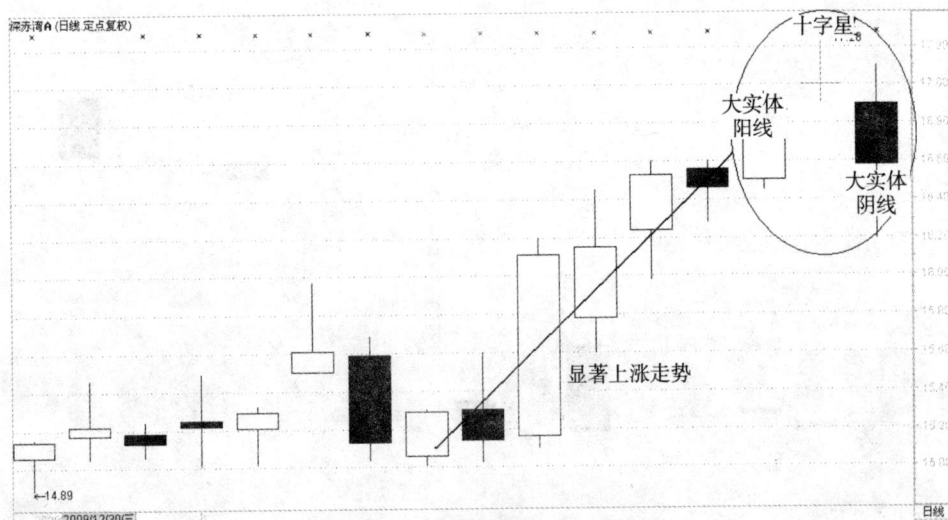

图 4-9　深赤湾黄昏之星形态解盘

3. 操盘

确认了深赤湾 A 的融券做空机会之后，我们需要首先进行仓位规划，请看图 4-10。在黄昏之星确认之后，次日开盘我们融券卖空，止损点设定在黄昏之星最高价附近。此后股价一直下跌到 14.78 元附近，然后反弹，突破临近两日的最高价，于是回补一半的仓位，继而汇价跳升，出现了大阳线，于是了结剩下一半仓位。整个交易算不上完美，但是结果是比较令人满意的。

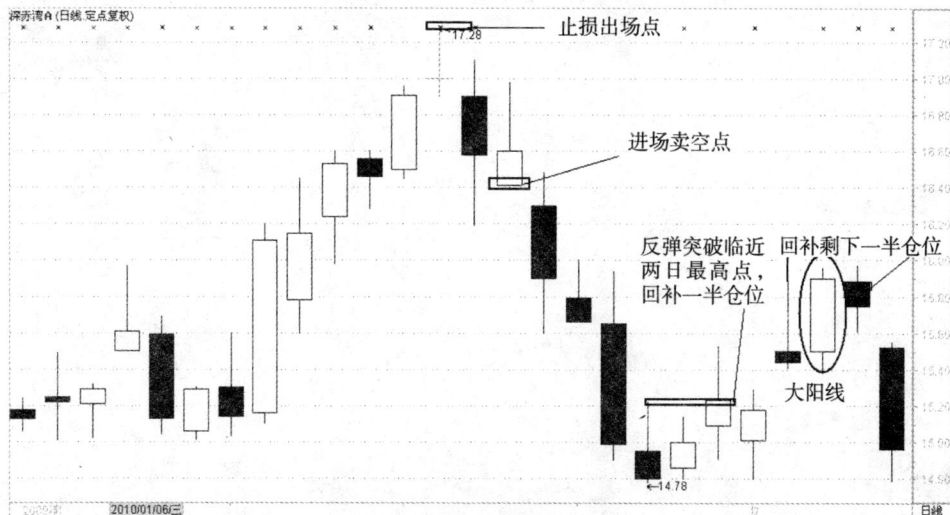

图 4-10　深赤湾黄昏之星形态操盘

第五节 黄昏之星形态实例四

来看黄昏之星最后一个实例，这是山煤国际最近走势出现的黄昏之星形态，下面将展示研判过程和操作过程。要特别注意如何把握仓位的轻重，因为这与形态的效力密切相关。

1. 看盘

收盘后，我们在两市股票的形态海选中发现山煤国际可能存在融券做空机会，如图 4-11 所示，于是我们将它放到了股票池中，以便接受进一步地筛选。

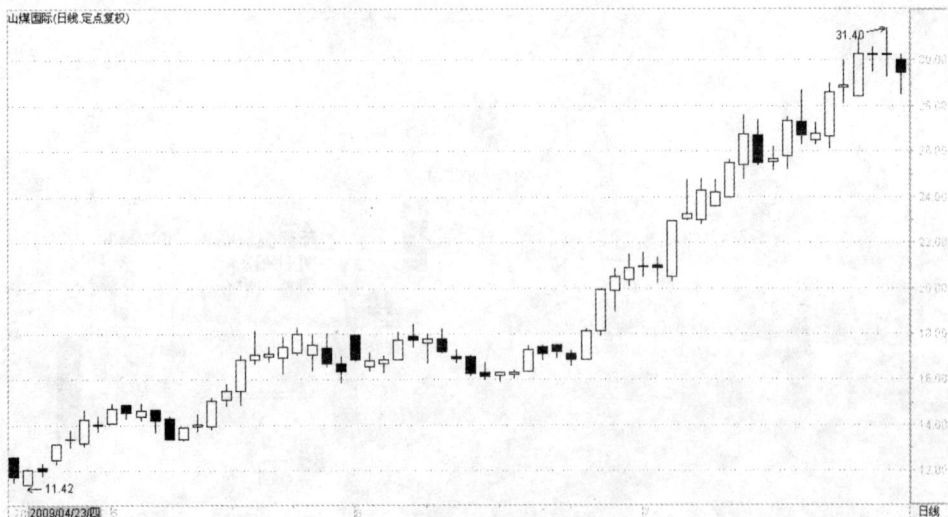

图 4-11 山煤国际黄昏之星形态看盘

2. 解盘

山煤国际近期走势是否是值得操作的黄昏之星，我们将在解盘环节进一步地审核。请看图 4-12，最近 4 日是一个特殊的黄昏之星形态，因为中间是两个小十字星形态。之前股价处于显著的上涨状态，不足之处是最近的阳线实体部分相对阴线而言较短。综合考量来看，山煤国际当下的走势是一个值得轻仓介入的机会。

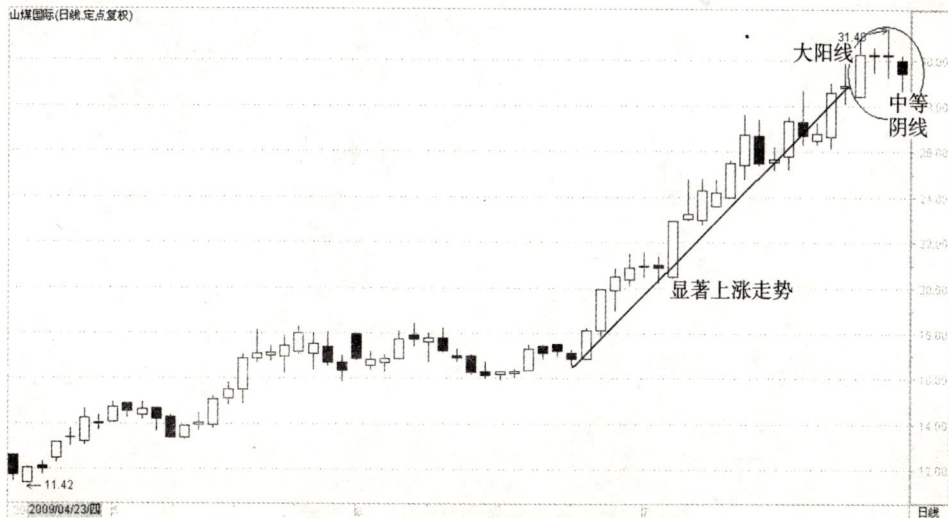

图 4-12 山煤国际黄昏之星形态解盘

3. 操盘

一旦确认了山煤国际适合轻仓融券做空，那么我们接下来就要对进场仓位进行规划，请看图 4-13。在次日开盘融券做空，注意是轻仓。止损点设定在 31.4 元附近。此后，股价接连两日下跌，但是不久之后股价反弹形成了不标准的早晨之星，于是回补一半空头仓位，同时突破临近两日的最高价，于是一起回补剩下一半的空头仓位。

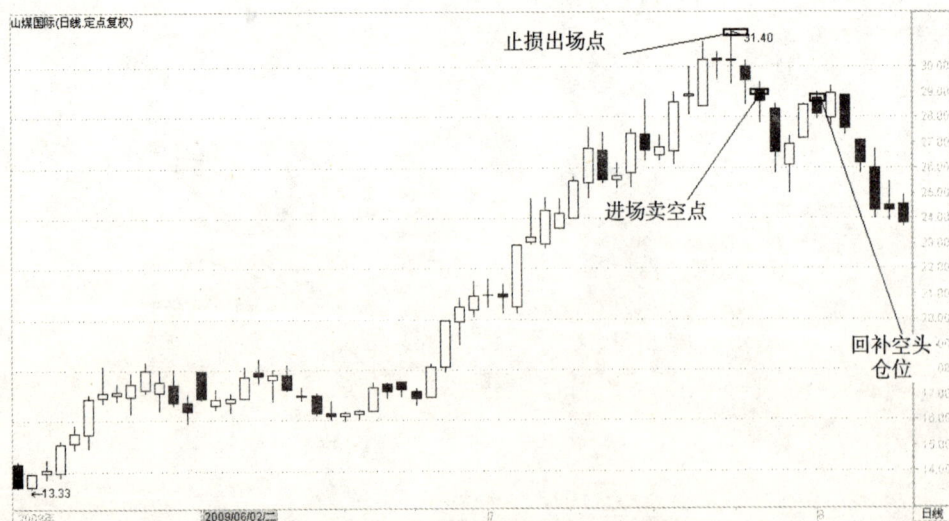

图 4-13 山煤国际黄昏之星形态操盘

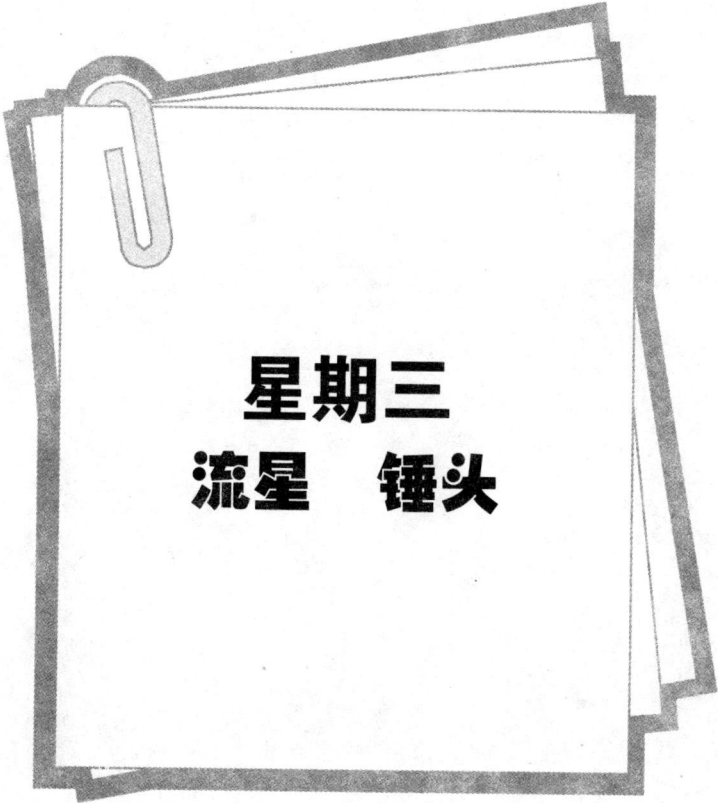

星期三
流星　锤头

第五章 高效组合5——流星

过长的影线和过短的实体同时出现意味着较好的交易机会，流星就提供了这样的机会。流星是本章要介绍的主题，不少股民可能对高位放量流星有过直观的感受，一般出现这种特征的K线和成交量组合的股票之后都会出现持续较长时间的暴跌，而这样的暴跌在能够融券交易的今天无疑是很好的赢利机会。价格是涉及赢利的根本，而本书又是以纯价格交易为主，因此这里就不涉及流星和成交量的关系了。

第一节 流星形态解剖

流星形态用于判断顶部，如果结合成交量进行综合判断则能够用于判断中长期的顶部。流星形态的第一个特征是出现于一段上涨走势之后，如图5-1所示。流星形态的第二个特征是较长的上影线和较短的实体，理性的流星形态是没有下影线的，但是在现实研判中会稍微放宽一下这个条件。关于流星的解剖特征就是这几个，大家用心记一下，更为重要的是多加运用，这样下去肯定能够用流星形态赚到实在的利润。

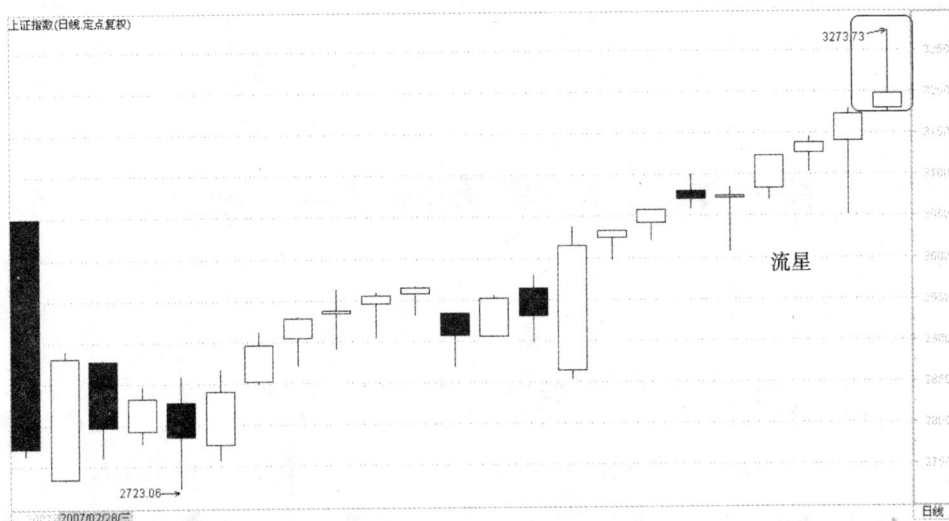

上证指数(日线,定点复权)

3273.73

2723.06→

流星

2007/02/28(三)

图 5-1   上证指数流星形态解剖

第二节   流星形态实例一

　　炒股的真功夫是需要通过实战才能锻炼出来的，很多人缺乏在股市中持续赚钱的能力，不是因为他们的理论水平不够，而是因为他们的实践能力不够，他们的经验过于贫乏。要想成功地在股票市场中扬帆，就必须精通实战，而本书提倡的三步法就是精通实战的好模式。下面，我们来看第一个在三步法框架下利用流星形态的实例，这是中国宝安。

1. 看盘

在股票初选的时候，我们发现了中国宝安，在刚刚结束的交易日，它似乎勾勒出了一个流星形态，如图 5-2 所示。它通过了看盘这步，于是我们将它放入到股票池中，以便进一步地筛选和考察。

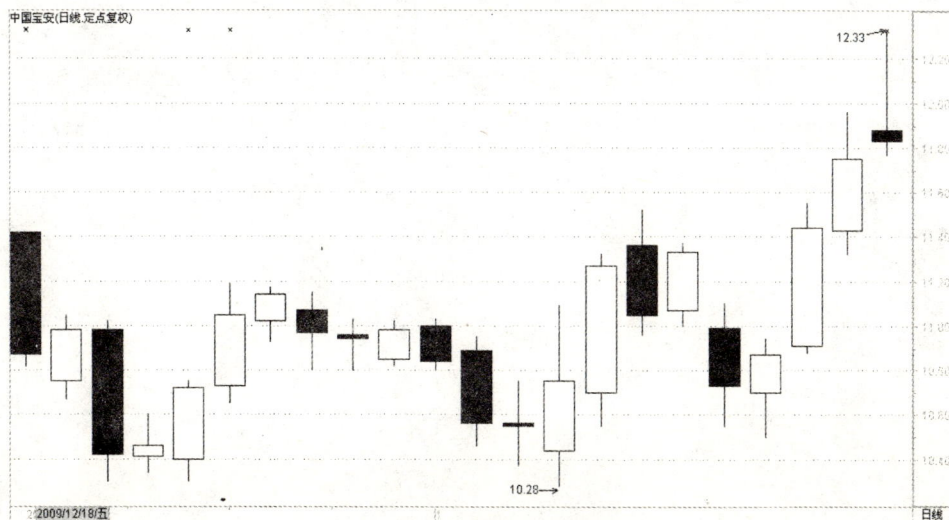

图 5-2 中国宝安流星形态看盘

2. 解盘

海选完成之后，我们对中国宝安进行更深入的剖析，如图 5-3 所示。在该形态出现之前，股价处于上升走势，有连续 3 个交易日处于上涨，谈不上非常显著，勉强还行。另外，最近一个交易日的 K 线具有较长的上影线，同时实体部分很短，对于实体颜色我们不做特别的要求，但是下影线越短越好。总体看来，中国宝安当下的走势适合我们融券做空。

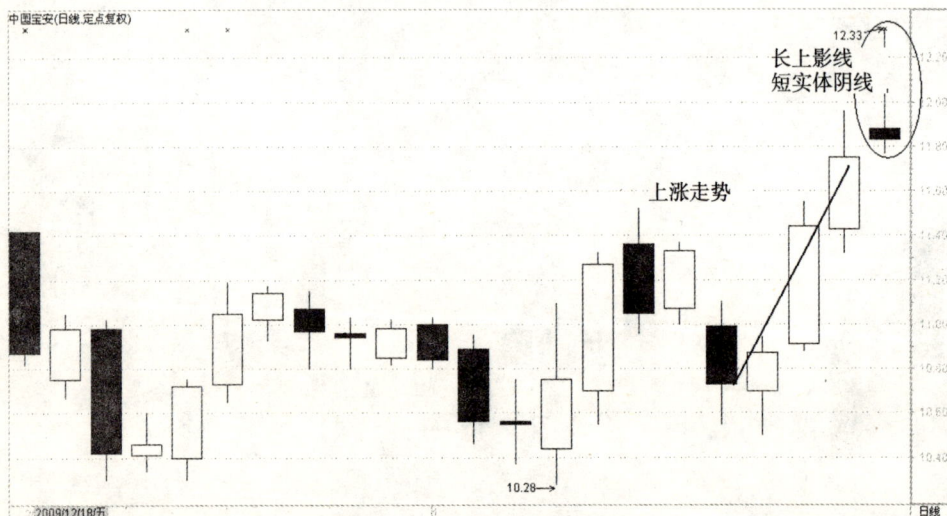

图 5-3　中国宝安流星形态解盘

3. 操盘

中国宝安当下的走势和形态通过了初选和复选，因此我们接着展开仓位规划，请看图5-4。次日开盘融券做空，同时将止损设定在流星形态最高点之上。进场之后，股价一路下挫，一直跌到9.97元才反弹，反弹第二日形成大阳线，于是回补一半的仓位，次日股价继续回升突破临近两日的最高点，于是回补剩余的空头仓位。

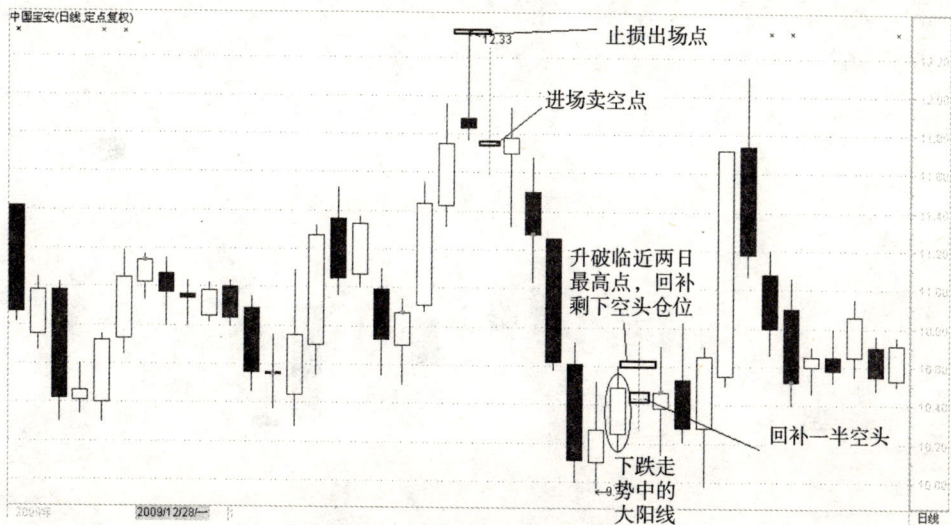

图5-4 中国宝安流星形态操盘

第三节　流星形态实例二

下面接着来看三步法框架下利用流星操作做空机会的第二个实例，这是南玻 A 的例子。这个例子中，实体的大小成了考量流星效力的一个重要方面。

1. 看盘

收盘后一次例行的海选中，我们发现了中国宝安最近走势中出现了可能是流星的形态，如图 5-5 所示，于是我们将它放入到股票池中以便进一步地考量。

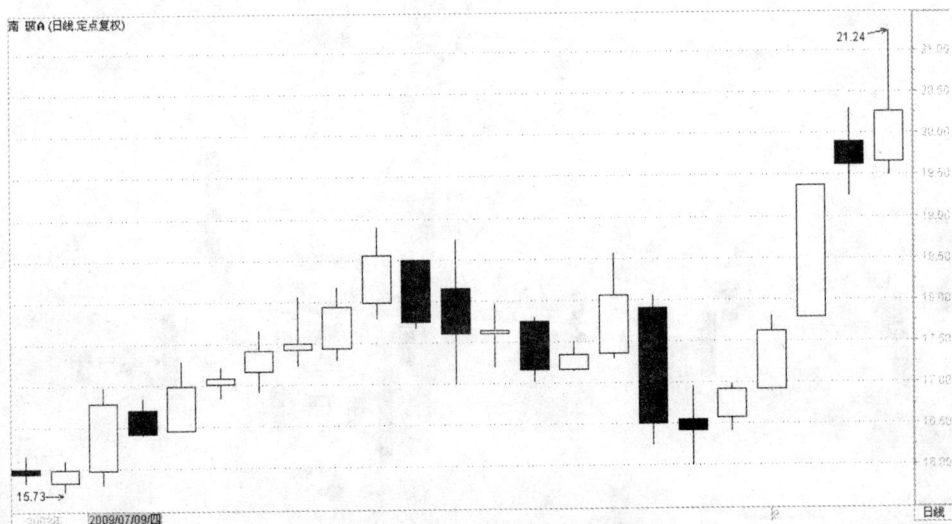

图 5-5　南玻 A 流星形态看盘

2. 解盘

南玻 A 进入到了股票池中，我们需要对它进一步考察，请看图 5-6，最近一段时间它一直处于显著的上涨走势。另外，最近一个交易日的上影线显著较长，下影线非常短，但是实体部分并不算很短，因为操作上建议轻仓而为。

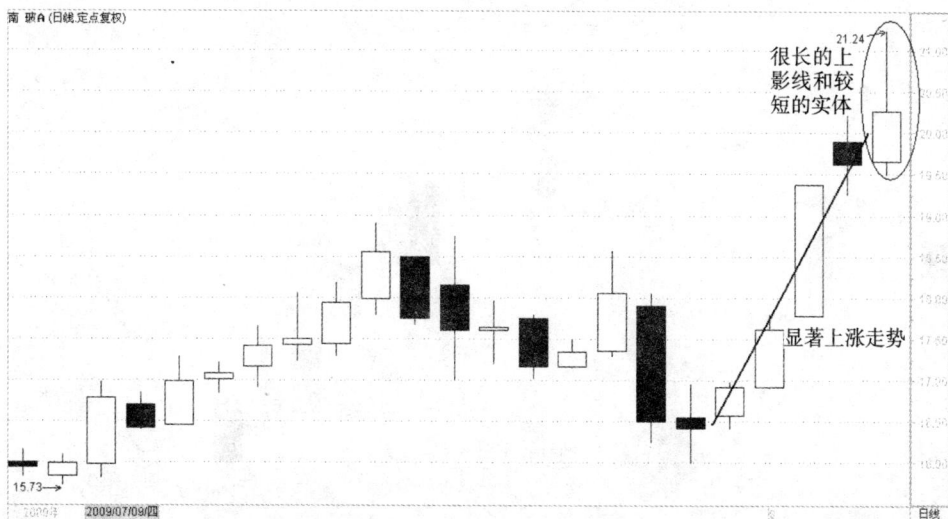

图 5-6 南玻 A 流星形态解盘

3. 操盘

确认了可以轻仓操作南玻 A 之后，我们开始进入规划和实际操作阶段，如图 5-7 所示。在流星形成的次日开盘我们融券卖出，止损点放置在流星最高价附近。此后，股价一路下跌，一直跌到 13.62 元附近才开始连续反弹，我们在反弹第二日，也就是形成了近期较大阳线的次日开盘时回补一半空头仓位。也就是在当日盘中，股价突破最近两日的高点，于是回补剩下的一半仓位。

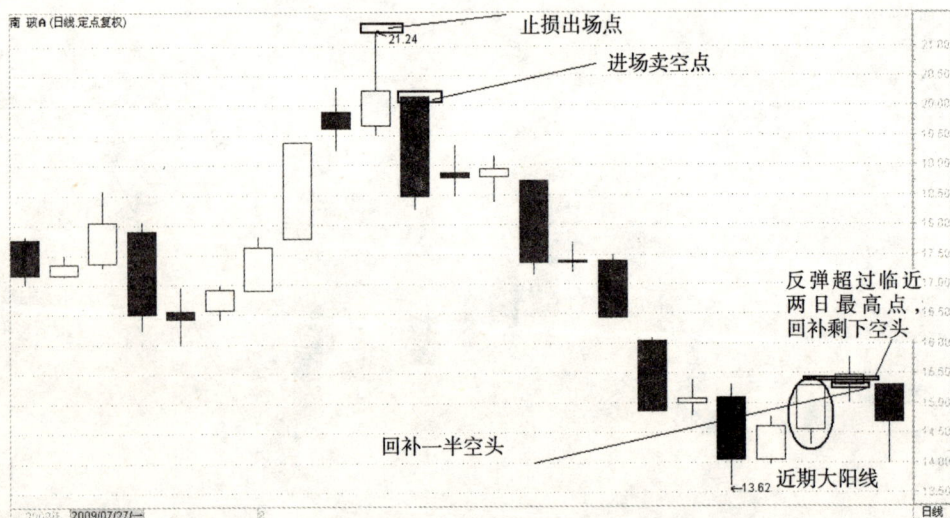

图 5-7　南玻 A 流星形态操盘

第四节 流星形态实例三

再来看第三个在三步法框架下利用流星形态进行操作的实例，这是特力A。这个例子中，形态相对比较标准，美中不足的是实体部分还是不够完美，如果能够再小些就更好了。

1. 看盘

在股票海选中我们发现了特力A最近一个交易日出现了好像流星的形态，于是将它放入到备选股票池中，如图5-8所示，以便做进一步地考察。

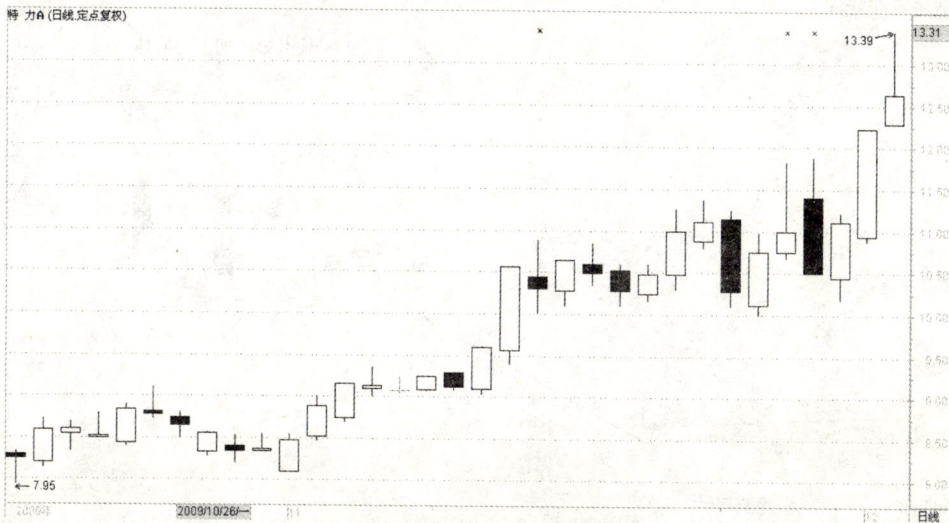

图5-8 特力A流星形态看盘

2. 解盘

通过看盘环节初选之后，我们还要对特力 A 作进一步的考察，这就是需要解盘环节的努力了，请看图 5-9。特力 A 最近一段走势呈现盘整上升状态，就整体而言上升幅度还是很可观的，而最近一个交易日的上影线非常长，下影线没有，实体部分相对较短，这就基本确认了特力 A 的流星形态。总体而言，我们可以用正常的仓位来操作它。

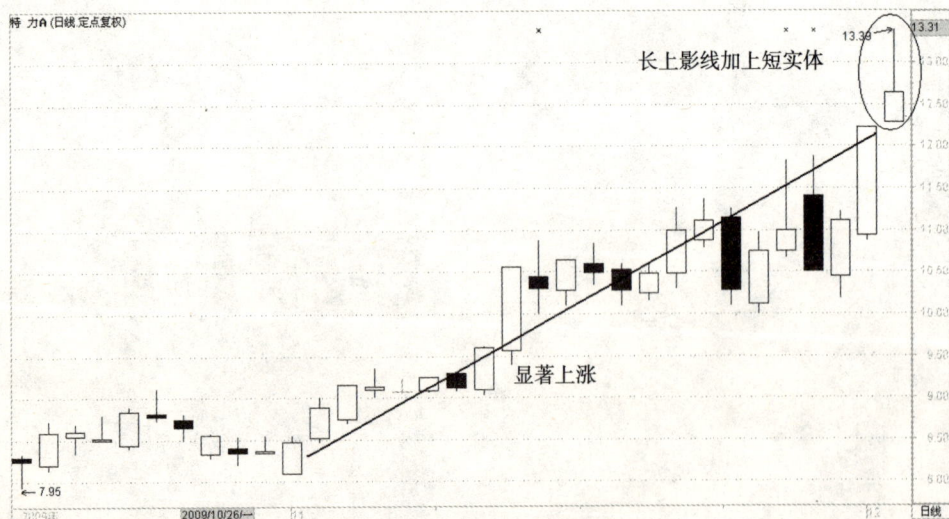

图 5-9　特力 A 流星形态解盘

3. 操盘

确认特力 A 存在流星形态之后，我们决定用正常仓位来操作它，如图 5-10
所示。在流星形态形成的次日开盘我们融券卖空，止损点设定在 13.39 元附近，
不久股价反弹到这一价位附近，有可能触及，当然即使不触及，因为阳线实体
较大，因此也应该回补至少一半的空头仓位，同时由于股价反弹突破最近两日
的高点，因此应该选择回补另外一半空头仓位。

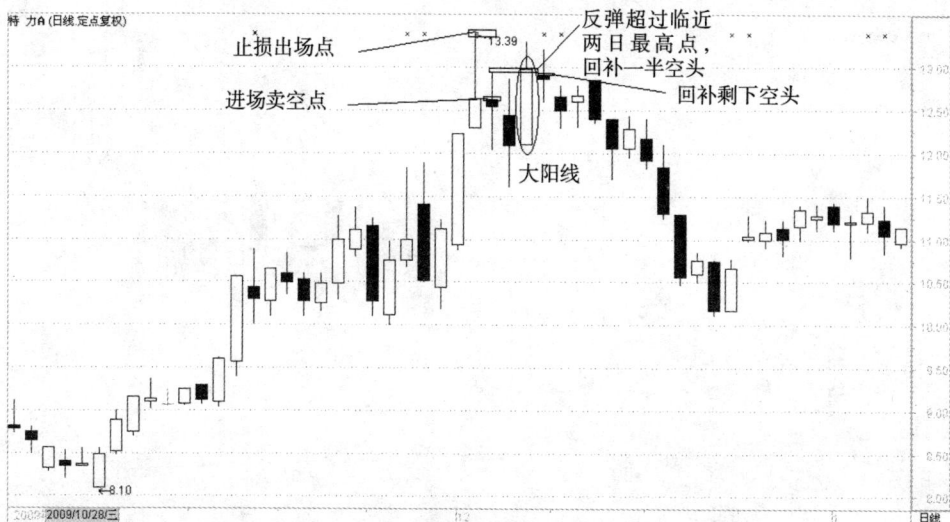

图 5-10 特力 A 流星形态操盘

第五节 流星形态实例四

来看最后一个在三步法框架下运用流星形态的实例，这是飞亚达 A 出现流星形态的例子。大家着重看一下我们是如何进行仓位规划的，掌握这点算得上是真正地掌握了流星形态的运用。

1. 看盘

每个交易日的盘后是我们利用经典高效 K 线形态进行股票选择的专门时段，在一次例行的股票初选中，如图 5-11 所示，我们发现了飞亚达 A 当下的走势可能存在流星形态，这或许是一个较好的融券做空机会，当然也可以是买入交易者卖出的机会。当然，初选并不意味着飞亚达 A 当下的走势值得我们全力介入，毕竟我们还需要进一步地考量，看盘这个环节只是剔除绝大部分的个股，但要落实到最终的操作还需要更多地确认。

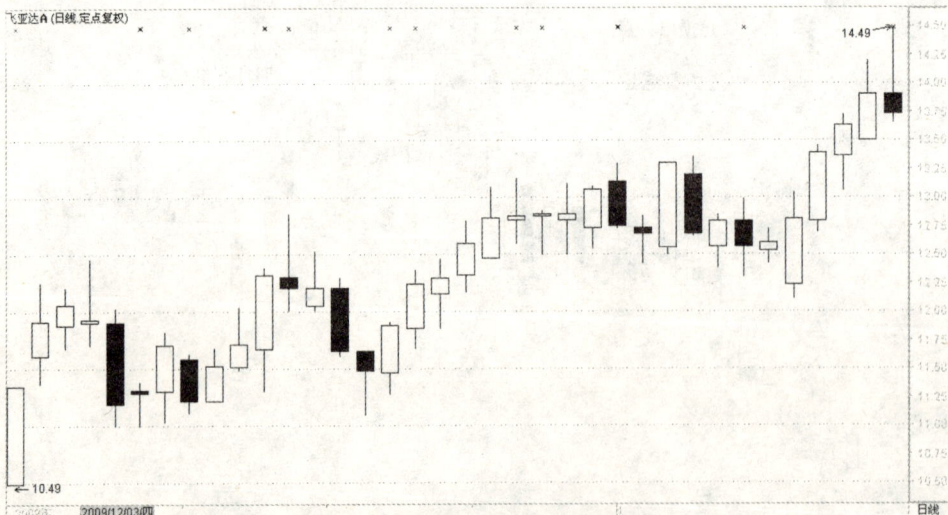

图 5-11 飞亚达 A 流星形态看盘

2. 解盘

看盘中我们将飞亚达A选入了股票池中，在解盘环节中我们需要进一步分析，如图 5-12 所示。飞亚达 A 在出现该形态之前，整体上处于"上升—调整—上升"的过程中，而最近一段走势则是以上涨为主的，这就符合了流星形态的一个要求：流星之前的走势应该处于显著的上涨态势。另外，最近一个交易日的 K 线呈现出较短的实体，同时具有较长的上影线，而且收盘价接近于全天的最低点，这就使得空头主导态势跃然纸上。因此，我们可以重仓融券做空这只股票。

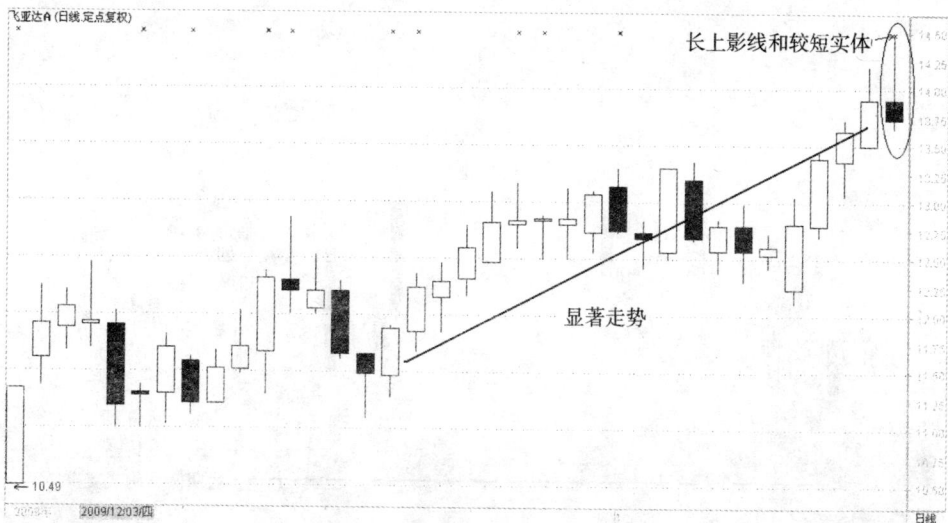

图 5-12 飞亚达 A 流星形态解盘

3. 操盘

经历了看盘的初选和解盘的复选，我们需要对飞亚达 A 展开仓位规划，流星形态出现次日开盘我们融券做空，止损点设置在流星形态最高点 14.49 元附近。股价快速下挫，中间的反弹显得非常无力，几个交易日后股价突破临近两日的最高点，于是我们回补一半的空头仓位。最终，股价跌至 11.03 元历史低位，基本在前期低点阻力位置附近，当日收盘价形成了一根锤头形态，于是我们回补剩下的一半仓位，如图 5-13 所示。关于锤头形态，我们将在下一章专门讲解，这里大家先有一个初步的印象即可。

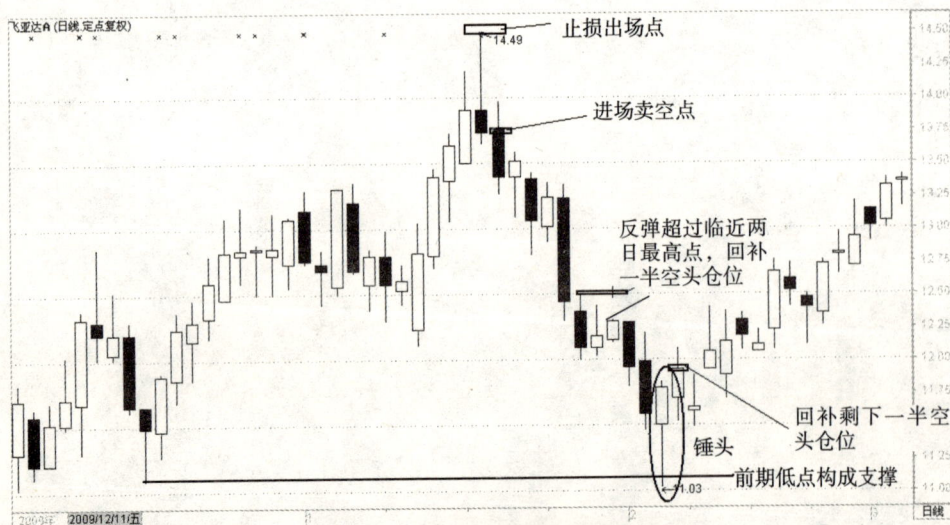

图 5-13　飞亚达 A 流星形态操盘

第六章　高效组合6——锤头

锤头形态与流星形态是相反的，两者互为镜像，掌握了流星形态对于掌握锤头形态会起到明显的促进作用。不过，两者之间也存在一些差别，比如流星形态一般对应着成交量的高点，而锤头形态一般对应着成交量的低点。毕竟成交量高点与股价高点对应，而成交量低点与股价低点对应。在本书中，我们不会专门介绍成交量方面的策略和技巧，因为本教程的主题是经典K线，关于成交量的运用可以阅读本系列教程的《经典量能一周通》一书。下面，我们就先从锤头的形态解剖开始吧。

第一节　锤头形态解剖

我们先通过指数走势来认识锤头形态，这样做的原因主要有三个：第一，指数是市场大势和情绪的温度计，个股走势或多或少地受到整个市场特别是指数的影响，这就使得读懂指数走势显得特别重要；第二，指数是众多交易者参与形成的，流行性良好，是群体行为的典型代表，特别符合K线主流理论的前提要求；第三，指数走势相比理想模型更加接近股票研判和买卖的实际情况，从指数中掌握经典K线形态，可以做到从实践中来，到实践中去。下面，我们就以上证指数为例，看看其中真实的锤头形态，如图6-1所示。锤头形态的第一个解剖要求是该形态出现之前K线处于显著的下跌走势；第二个解剖要求是该形态的下影线越长越好，一般要求至少是实体部分的2倍，上影线没有最好；第三个解剖要求是该形态的实体部分应该越短越好。

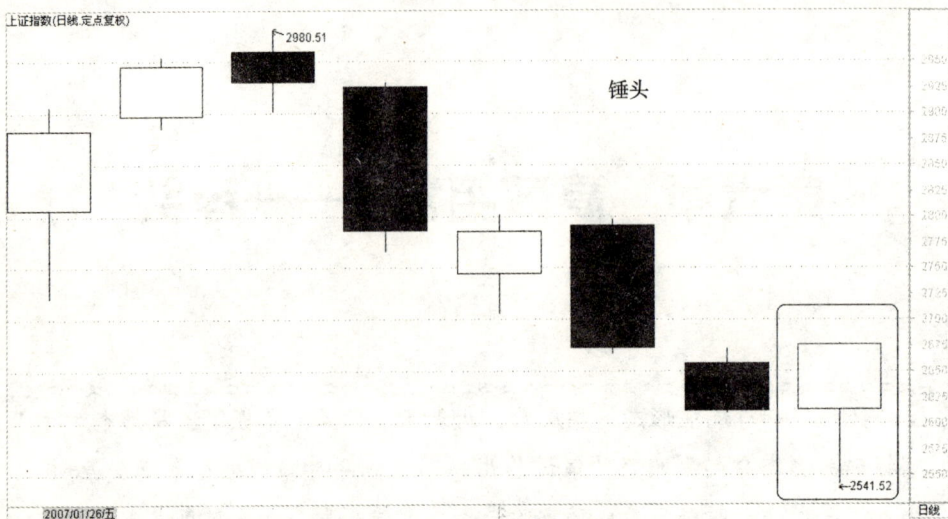

图6-1　上证指数锤头形态解剖

第二节　锤头形态实例一

　　从本节开始，我们演示如何在三步法的框架下研判和利用锤头形态进行选股。第一个实例是深深宝 A，这个实例中的锤头形态可以与后续一个交易日的 K 线构成看涨吞没形态，从这点来看，经典 K 线组合之间可以相互证明，重叠加强信号的强度，进而提高买卖的成功率。

1. 看盘

在交易日结束后，我们依次翻动沪深两市股票，浏览是否出现经典 K 线形态，这就是看盘过程。在初步筛选过程中，我们发现了深深宝 A 之前一个交易日是锤头形态，如图 6-2 所示，同时与最近一个交易日构成了看涨吞没形态，这是一个具有交互强化意义的看涨信号，于是我们将这只股票放入到股票池当中。

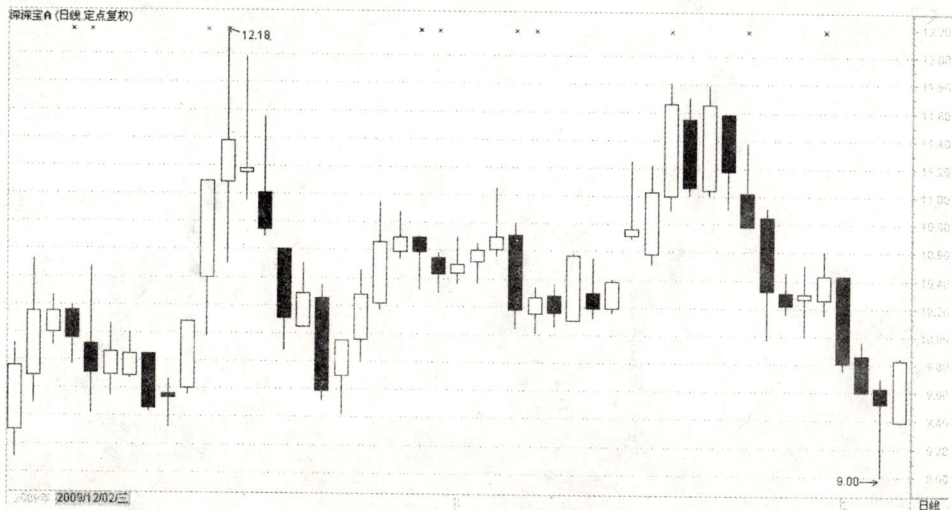

图 6-2 深深宝 A 锤头形态看盘

2. 解盘

将深深宝 A 放进股票池之后，我们需要等初选完全结束后，也就是浏览完所有两市上市股票之后，再对深深宝 A 进行进一步的分析。如图 6-3 所示，我们没有在锤头形成的当日发现这只股票，而是在看涨吞没形成的这个交易日收盘后才发现它，于是这里面涉及对锤头和看涨吞没两个经典 K 线形态的分析。深深宝 A 之前一直处于显著的下跌走势，看涨吞没的特征这里就不用分析了，我们重点分析锤头形态。深深宝 A 最近出现的 K 线具有很长的下影线，而上影线非常短，同时实体也非常短，非常长的下影线表明空头进攻的意图，但是也表明空头的进攻迅速被瓦解，从侧面表明了多头势力的雄厚。锤头加上看涨吞没更是凸显了深深宝 A 继续上涨的可能性，于是我们准备重仓操作深深宝 A。

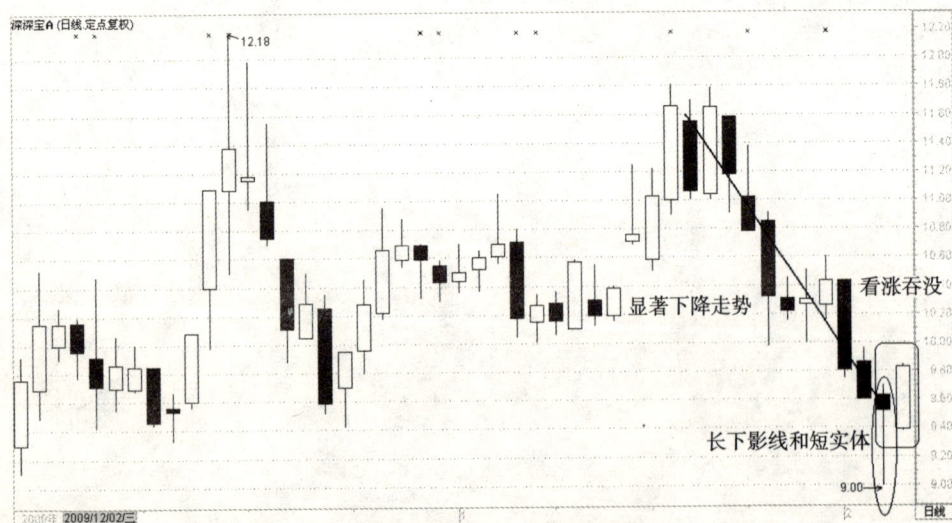

图 6-3 深深宝 A 锤头形态解盘

3. 操盘

当我们发掘深深宝 A 的时候，它已经由锤头形态演变成了看涨吞没，所以当我们决定介入的时候，只能在看涨吞没形成时。我们在看涨吞没形成次日开盘时进场买入深深宝 A，仓位偏重，止损点设定在看涨吞没，也就是锤头形态的最低点。进场后，股价拉出大阳线，次日收出流星，于是在流星出现次日开盘卖出一半的多头仓位，卖出后盘中跌破临近两日的最低点，再了结剩下的一半仓位，如图 6-4 所示。

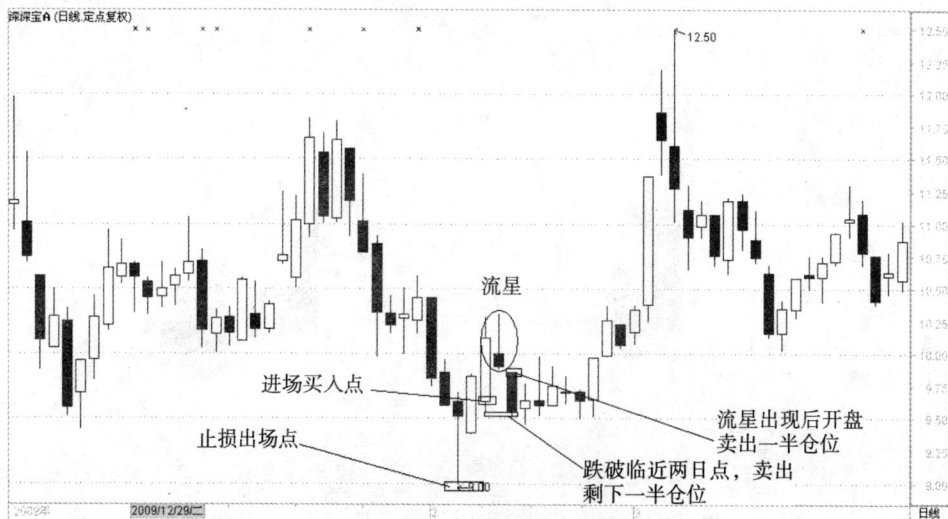

图 6-4　深深宝 A 锤头形态操盘

第三节　锤头形态实例二

在三步法框架下利用锤头寻找和驾驭操作机会的第二个实例是长城开发，在一次例行海选中我们挑选出了这只股票。此前，我们看到的锤头实体部分都是阴线，在本例中实体部分则是阳线，收盘价则接近全天的最高价。这种类型的锤头要比此前见到的锤头类型具有更高的效力，下面我们就看怎么利用三步法来操作长城开发。

1. 看盘

在每个交易例行的盘后筛选中我们发现了长城开发，如图 6-5 所示，它当下的走势似乎是一个锤头，于是我们将它放入到股票池中，以便在初选后继续对其进行考核以便我们查看它是否值得参与。

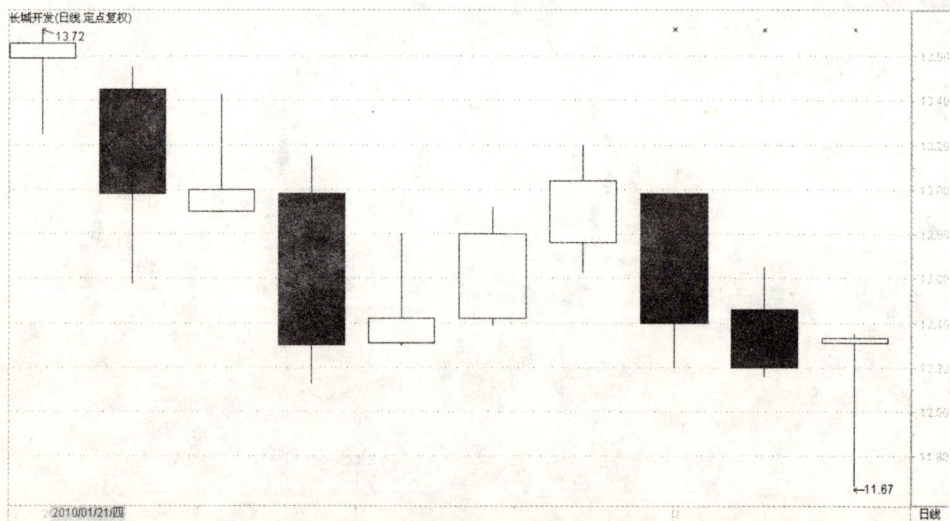

图 6-5　长城开发锤头形态看盘

2. 解盘

在初选环节中，我们找到了长城开发，现在我们需要对它的走势形态作进一步的分析，如图 6-6 所示。股价此前处于不明显的下跌走势中，不过整体上还是处于下跌状态，单就这点来讲，长城开发目前的形态是不太符合锤头要求的。如图 6-6 所示，我们继续分析长城开发形态是否符合锤头的另外两个要求，一个要求是下影线越长越好，上影线越短越好，这点基本满足，另外一个要求是实体部分越短越好，在本例中长城开发最近一个交易日 K 线的实体部分非常短，基本上接近一条横线，更为重要的是收盘价接近当日的最高价。从最后这点出发，抵消了此前下跌不够显著的缺陷之处。整体而言，我们可以用轻仓或者正常仓位买入长城开发。

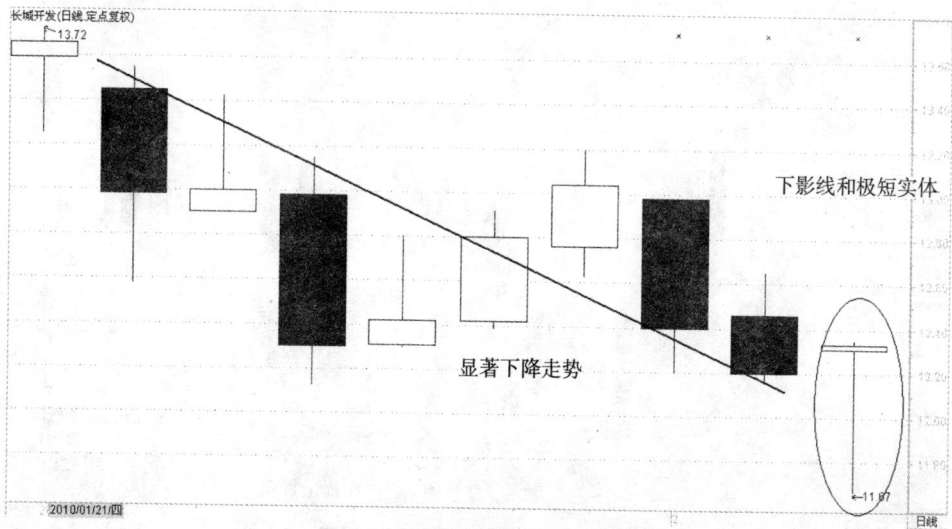

图 6-6 长城开发锤头形态解盘

3. 操盘

在进行实际的买入行为之前，我们需要对进出进行规划，如图 6-7 所示，我们在锤头形成的次日开盘用较轻仓位买入，止损退出点设定在锤头最低价11.67 元附近。买入之后，股价稍微调整了一些就继续上涨了，不过没有多久就出现了横盘整理走势，期间出现了流星形态，于是我们了结部分头寸，隔日股价跌破临近两日的最低点，卖出剩下的长城开发股票。此后，虽然股价继续上扬，但是此后的行情已经与我们没有关系了。

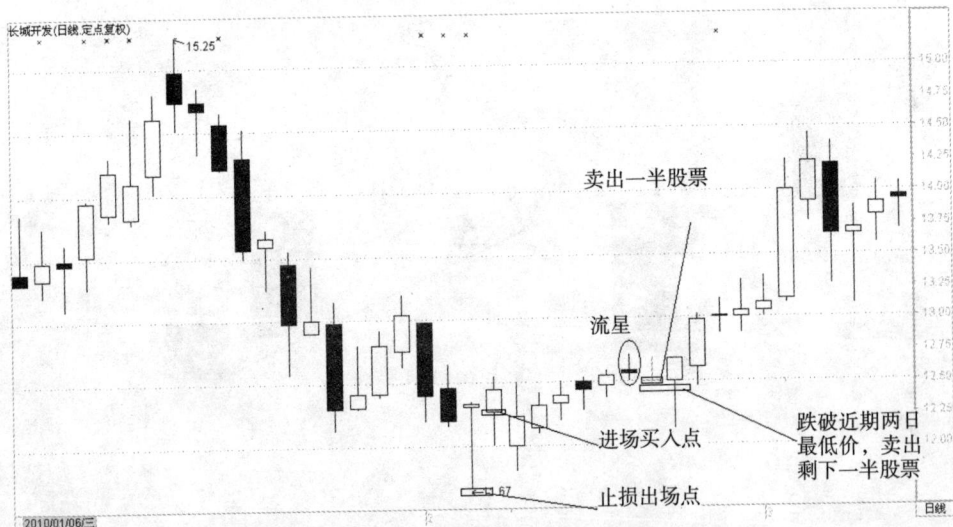

图 6-7 长城开发锤头形态操盘

第四节　锤头形态实例三

接着，我们来看三步法框架下利用锤头进行股票买卖的第三个实例，就是中粮地产。这是一个相对高效的看涨进场信号，因为中粮地产最近一个交易日的 K 线没有上影线，也就是说空方缺乏发动攻势的能力。下面我们展开相关的分析吧。

1. 看盘

在例行的每日盘后选股中，我们发现了中粮地产，这是一只连续下跌三日，最近一个交易日拉出好像是锤头形态的个股，如图 6-8 所示。由于该股最近的形态可能提供较高效力的买入信号，于是我们将这只股票放入股票池中以便接受进一步地评估。大家一定要明白，选股分为两个步骤，第一步是初选，关键是速度，同时也不能放过大部分的机会；第二部是精选，关键是质量，不能让那些不太可能上涨，或者上涨幅度可能非常小的股票剩下太多。

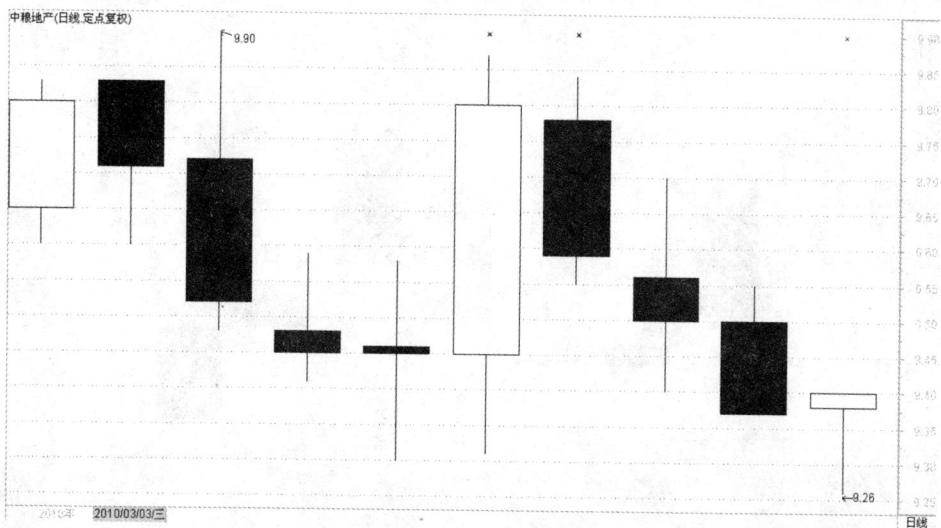

图 6-8　中粮地产锤头形态看盘

2. 解盘

将中粮地产放入股票池中之后，我们不能就匆忙地买入它，还需要进一步地确认，同时将资金分配到另外一些股票上，这样才能真正赚到丰厚的利润，同时降低风险。毕竟技术分析是一个概率评估工具，如果孤注一掷往往会得到糟糕的结果。在解盘这个环节，我们需要进一步地分析中粮地产最近一个交易日形态是否严格符合锤头的几点要求。第一，最近几个交易日股价处于显著下跌状态；第二，最近一个交易日 K 线的下影线非常长，而上影线没有；第三，最近一个交易日 K 线的实体非常短。根据这几个条件，我们决定买入这只股票，不过需要进行仓位规划，这一任务将在操盘环节中完成。

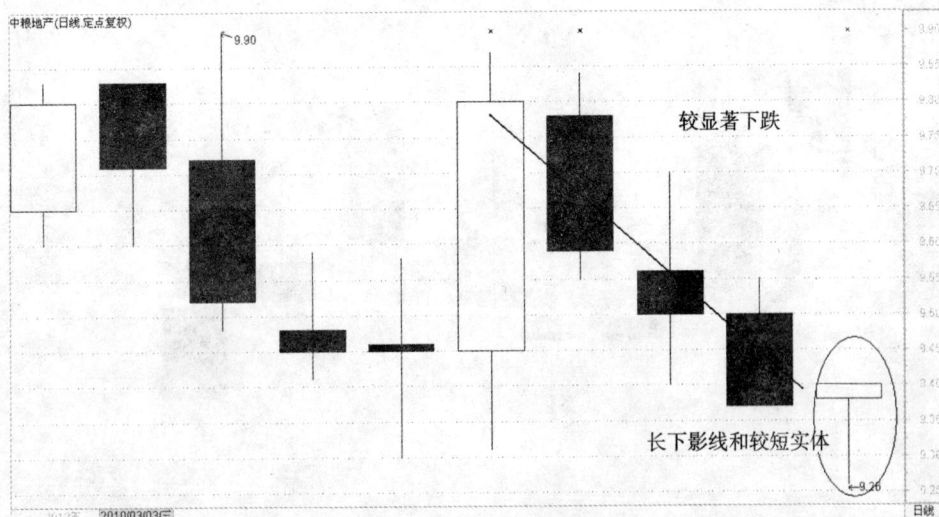

图6-9　中粮地产锤头形态解盘

3. 操盘

一旦我们确定了中粮地产可以作为买入对象，接下来我们就需要着手具体的进场和出场，如图 6-10 所示。在锤头形成次日开盘我们买入，此后股价稳定上扬，直到出现了看跌母子，于是我们在次日开盘卖出一半的仓位，结果这点收出大阴线，于是我们在下一个交易日卖出剩下的一半仓位。

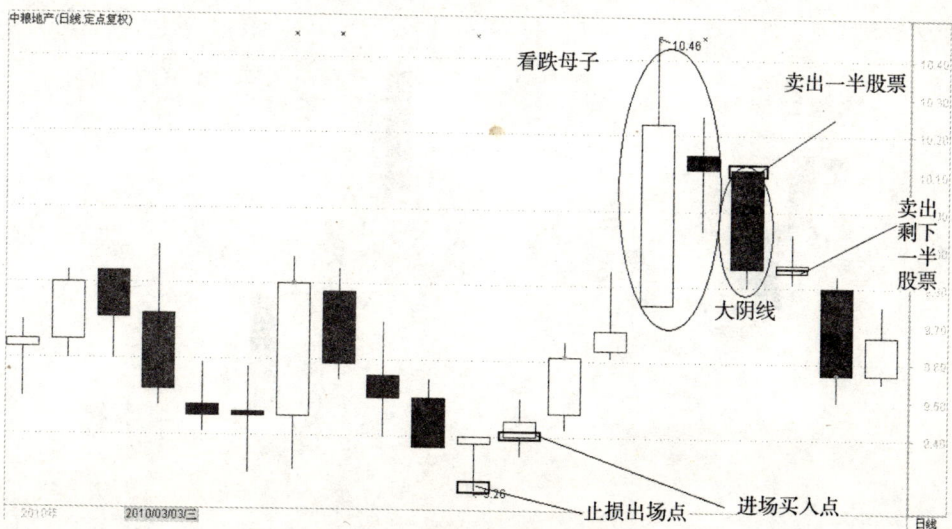

图 6-10 中粮地产锤头形态操盘

第五节 锤头形态实例四

来看最后一个利用锤头操作个股的实例，就是深长城的例子，这是一个不属于真锤头的案例，大家可以先根据图 6-11 自行分析一下，为什么这个例子中的形态并不是真正的锤头。

1. 看盘

在一次例行选股的时候，一位学员将深长城放进了他自己的股票池中，由于我们没有截取到当时的图片，只能在过了两个交易日之后截图。如图 6-11 所示，他认为最低价达到 18.58 元那天的 K 线是锤头，当时我们认为不是。在看盘这个步骤，我们姑且将这个形态当作是锤头放进股票池中，在解盘这个环节中我们将进一步地予以分析，看看为什么这个形态不能算作锤头。

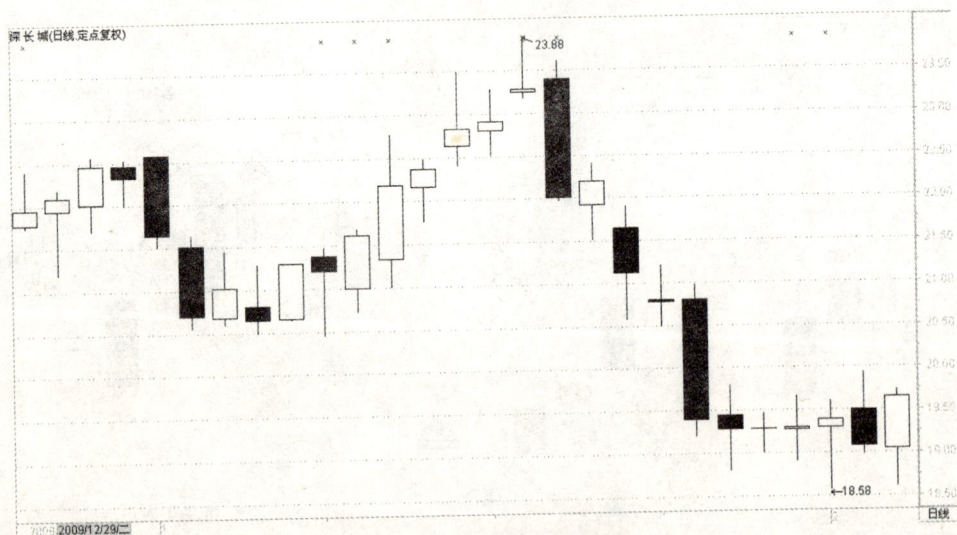

图 6-11 深长城锤头形态看盘

2. 解盘

为什么深长城在最低价跌至 18.58 元这天不能算作是锤头形态呢？其实，这个学员在看盘阶段之所以将深长城放进了股票池，最为重要的原因是他发现当天 K 线的下影线特别长，而上影线特别短，同时实体部分也非常短，这些特征确实是锤头的形态特征。但是，这位学员忽视了最为关键的一个特征，这就是之前股价必须处于显著下跌状态。在深长城这个实例中，股价在出现该形态之前已经连续三个交易日处于横盘整理状态。所以，被该学员当作锤头的 K 线其实并不是锤头，那选股之后的结果如何呢？

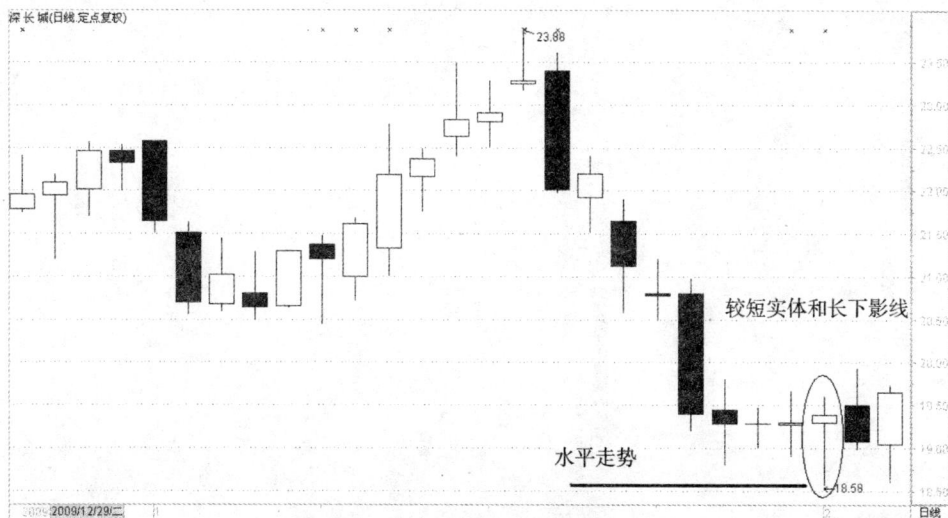

图 6-12　深长城锤头形态解盘

3. 操盘

既然事前已经判断该股不是锤头，那么此股事后的表现又是怎么样的呢？如图 6-13 所示，此后股价在较长一段时间横盘震荡，如果在锤头形成次日进场买入，止损又设定在锤头最低点附近，那么很快就会被下跌的股价触及。

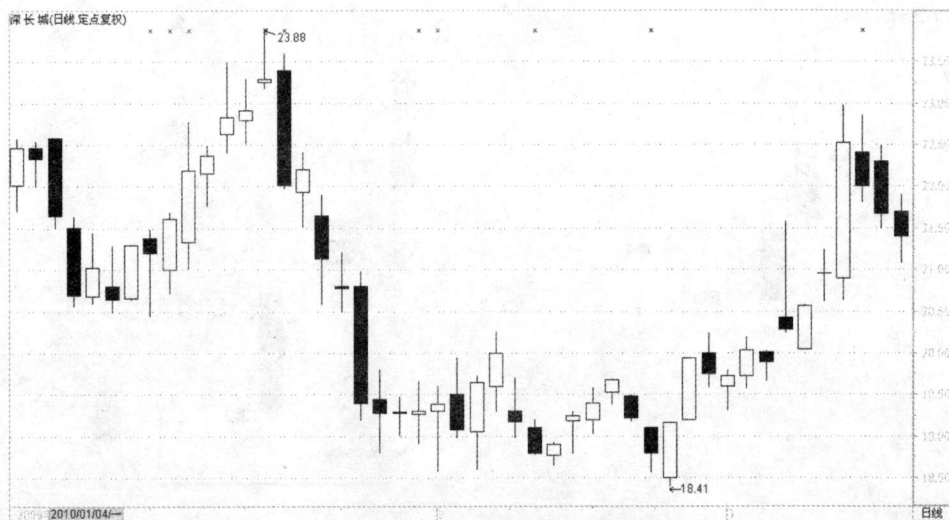

图 6-13 深长城锤头形态操盘

星期四
倒锤头　上吊线

第七章 高效组合7——倒锤头

倒锤头与锤头都出现在股价的阶段性底部，但是两者的形态确实是相反的。锤头的形态在上一章已经作了介绍，而倒锤头的形态将在本章正文第一小节作详细介绍，这里只从多空力量和市场情绪的角度对两者做出分析。锤头的下影线非常长，而倒锤头的上影线非常长，一个位于下跌末端的锤头表明空头虽然有强有力的进攻，但是仍旧被多头击败，由此表明多头的势力更为强大。一个位于下跌末端的倒锤头表明空头虽然力量强大，但是多头仍旧组织了一波有力进攻，比起此前只能被动招架而言，现在多方至少能够组织一波进攻了。同样是影线，一个表明强弩之末，一个表明星星之火。

第一节 倒锤头形态解剖

我们依旧结合指数来解剖经典 K 线的形态构成。请看图 7-1，这是上证指数的日线走势，请看最近一个交易日，上影线较长，而下影线几乎没有，同时实体非常短，更为重要的是之前市场一直处于下跌走势。总之，对于一个合格的倒锤头我们就要找到上述这些特征。这里还需要补充一点的是，倒锤头与流星单就形态而言是一样的：都是长长的上影线、短短的实体，下影线非常短最好是没有，它们区别在于流星形态出现之前股价应该处于上涨走势，而流星形态出现之后股价应该处于下跌走势。当然，如果有较高水平的股民还可以结合成交量来识别倒锤头和流星的不同，一般而言倒锤头与成交量的低点对应，而流星则与成交量的高点对应。下面，我们就来看一些真实的例子吧。

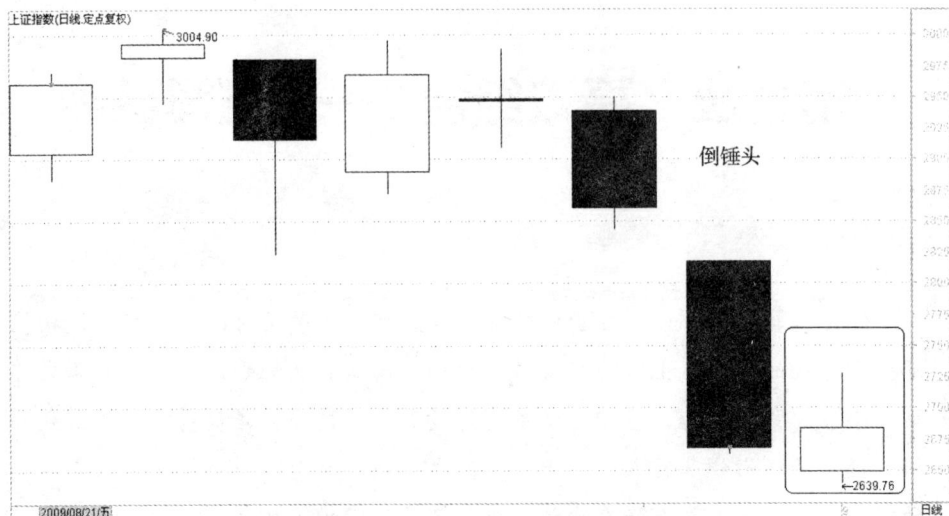

图 7-1   上证指数倒锤头形态解剖

第二节　倒锤头形态实例一

第一个实例是 *ST 国农，这是一个非常标准的倒锤头，如图 7-2 所示。另外，这个实例中实体部分是阳线，这也是大家需要注意到的，一般而言阳线倒锤头比阴线倒锤头的看涨意味更加浓烈。

1. 看盘

在一次盘后例行的选股过程中，我们发现了 *ST 国农，如图 7-2 所示。它当天的 K 线似乎是一根倒锤头，单从形态上粗略看来这是一个非常标准的倒锤头，因此我们将它放入股票池中以便接受进一步地筛选。

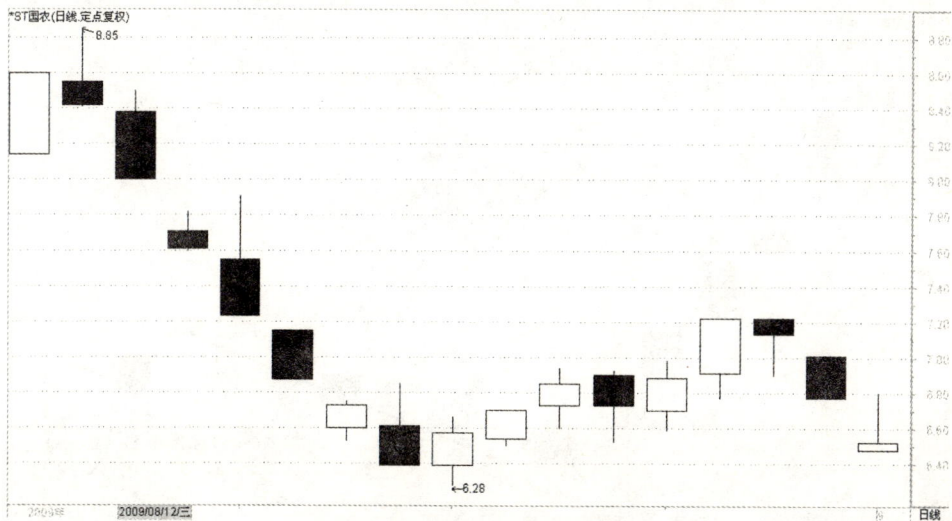

图 7-2　*ST 国农倒锤头形态看盘

2. 解盘

下面，我们进入第二步，准备对 *ST 国农进行更进一步地分析。在最近一个交易日中，K 线呈现出较长的上影线，同时没有下影线，实体部分非常短小。但是，在此形态出现之前，股价并没有经过一次显著的下跌，如图 7-3 所示。严格来讲只下跌了两个交易日，所以这类倒锤头的效力变得较低。总体而言，这个倒锤头效力较低，于是我们决定轻仓操作。

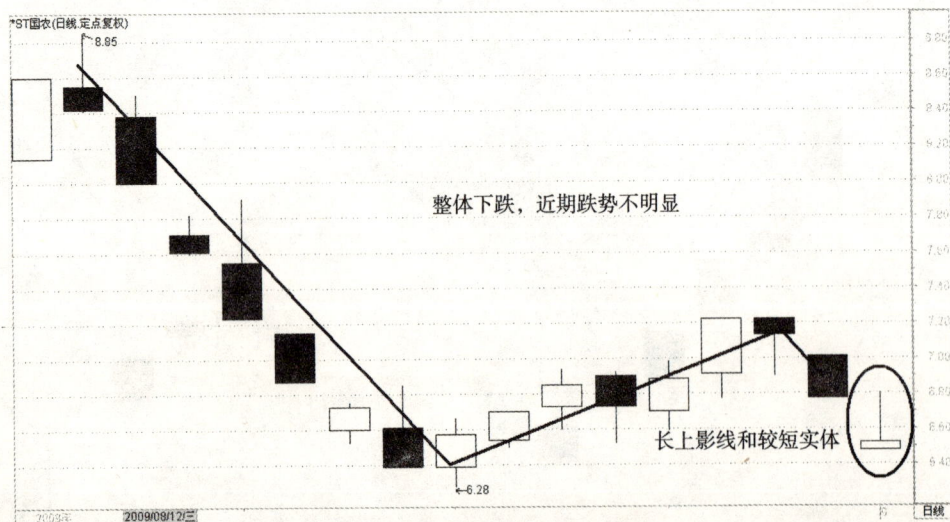

图 7-3　*ST 国农倒锤头形态解盘

3. 操盘

经过看盘和操作两个环节的分析之后，我们决定对 *ST 国农进行轻仓操作，如图 7-4 所示。我们在倒锤头形成的次日进场买入，止损设定在倒锤头的最低价附近。此后股价一路攀升，远远超过了我们的预期。数个交易日之后，股价出现了流星形态，于是我们在次日开盘卖出一半仓位，同时开盘跌破了邻近两日的低点，于是我们了结剩下的一半仓位。

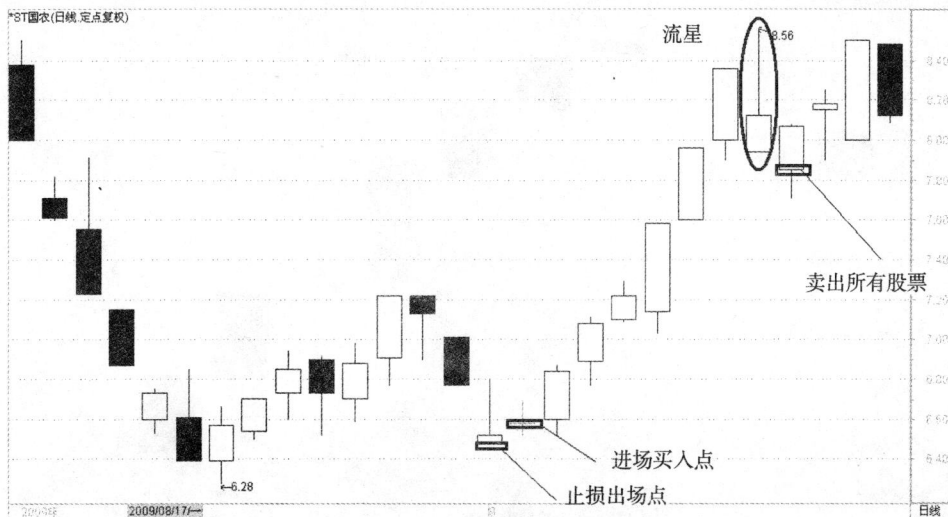

图 7-4 *ST 国农倒锤头形态操盘

第三节 倒锤头形态实例二

我们来看第二个实例，这是浙江阳光的例子，大家注意其中的出场点，在这个实例中，交易进行得没有预料的顺利，不过我们也能够很好地保存资本。

1. 看盘

在一次例行选股中，我们发现了浙江阳光这只股票可能存在倒锤头这种经典的 K 线形态，如图 7-5 所示。于是，我们将这只股票放进了当时的股票池中，等待进一步地考证。

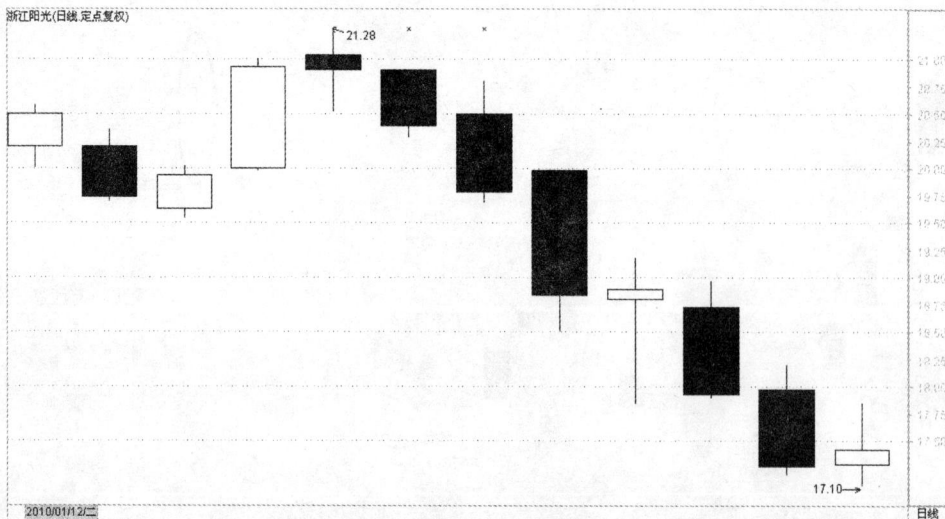

图 7-5　浙江阳光倒锤头形态看盘

2. 解盘

等待全面海选完成之后，我们对浙江阳光作进一步的分析，看是否值得真正介入浙江阳光。我们仔细查看浙江阳光最近一个交易日的形态特征，如图 7-6 所示。最近一个交易日的 K 线实体非常短，同时上影线非常长，而下影线不算长。在该形态出现之前，股价一直处于下跌过程中。总体看来，浙江阳光最近一个交易日的下影线状态并不理想，于是我们只投入少部分资金参与。

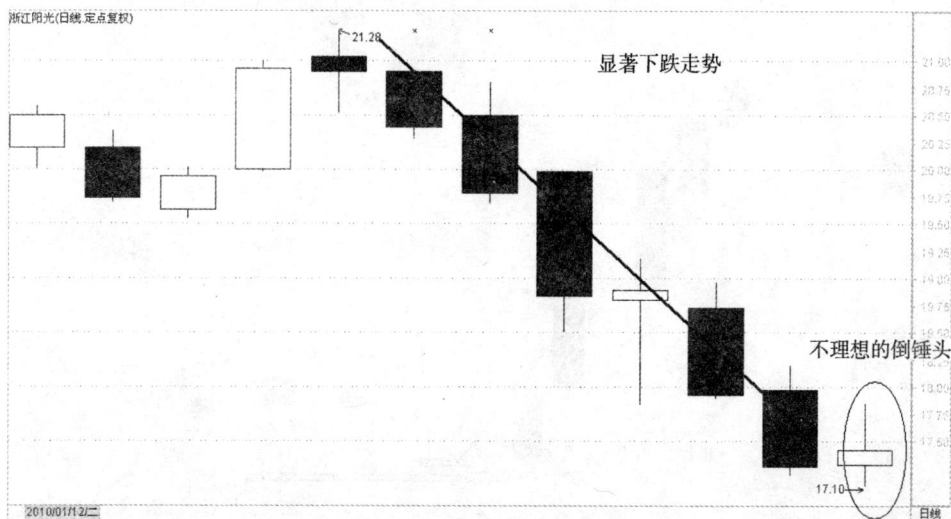

图 7-6 浙江阳光倒锤头形态解盘

3. 操盘

经过看盘和解盘两个环节，我们决定投入少部分资金买入浙江阳光，如图7-7 所示。进场点选在倒锤头形成的次日开盘，止损出场点设定在倒锤头最低点附近。此后，股价立刻上涨。在大阳线之后（与之前 K 线形成了早晨之星形态）出现了流星形态，于是卖出一半的仓位。之后，股价开始盘整，之后在盘中跌破了止损出场点，于是了结剩下的一半仓位。

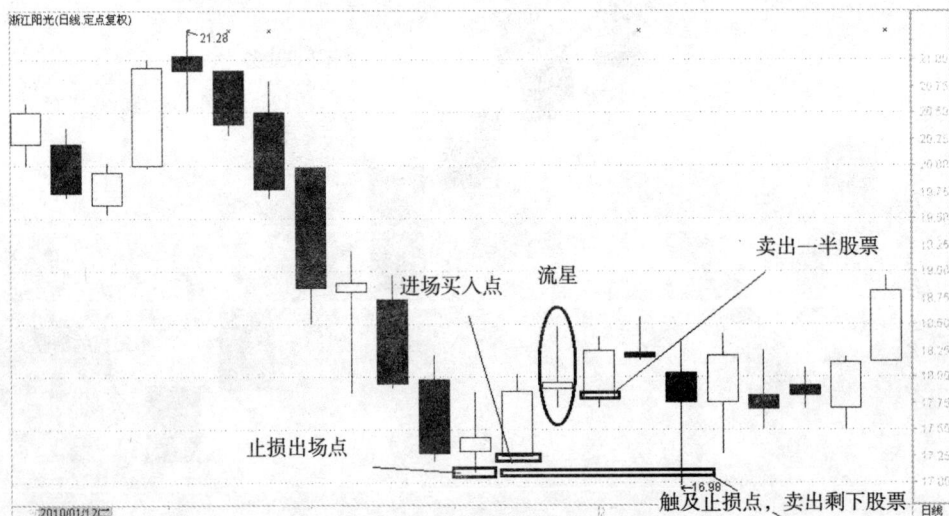

图 7-7　浙江阳光倒锤头形态操盘

第四节　倒锤头形态实例三

我们来看第三个实例，这是深物业 A 的例子，如图 7-8 所示。这个例子中，股价并没有出现显著下跌，如果这时候出现了倒锤头我们应该怎么办呢？相信看了这个实例之后，我们应该有更好的应对之道。

1. 看盘

在一次例行的盘后选股中，我们根据经典 K 线形态倒锤头选出了深物业 A 这只股票，将它放入到了股票池中以供选择，如图 7-8 所示。

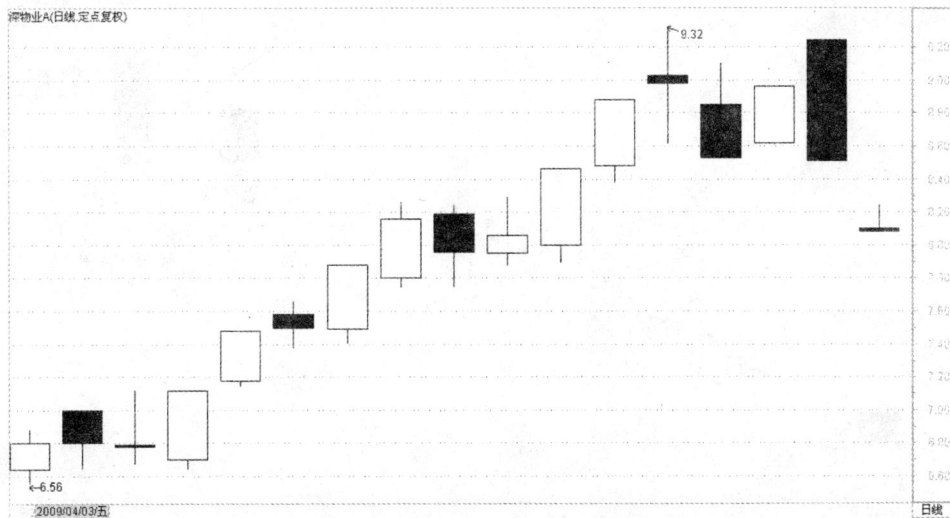

图 7-8　深物业 A 倒锤头形态看盘

2. 解盘

在看盘阶段，我们将深物业 A 放入了股票池中，在本环节中我们将对深物业 A 进行仔细的分析，以便最终确定是否将深物业 A 放入最终的操作篮子中。如图 7-9 所示，深物业 A 最近一个交易日的实体部分极其短，基本上成了一条直线，没有下影线，上影线较长，这些都符合倒锤头的特征，但是还剩下一点我们需要考量。在最近一个时段中，深物业 A 的下跌并不显著，下跌开始于一个看跌吞没，然后出现了类似于倒锤头的形态，这点来看最近一个交易日的形态并不是倒锤头，自然也不应该操作了。

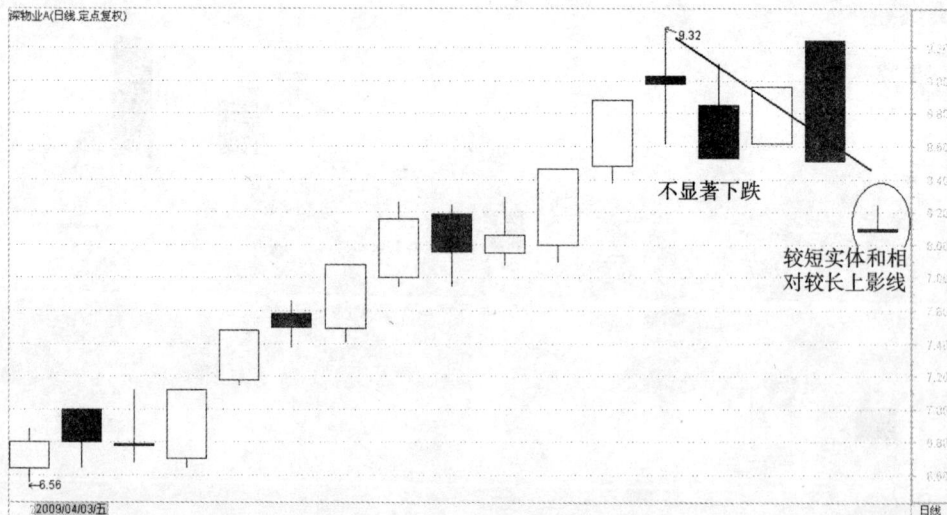

图 7-9　深物业 A 倒锤头形态解盘

3. 操盘

虽然，我们决定不操作深物业 A，但是我们还是决定跟踪一下该股接下来的表现，请看图 7-10，此股后来还是展开了几日的上涨攻势，从这点出发我们就发现证券市场上的技术分析只是一个概率工具，大家需要理清这个观念，否则就会要求自己只能对不能错，而这在股票市场是绝对不可能做到的。

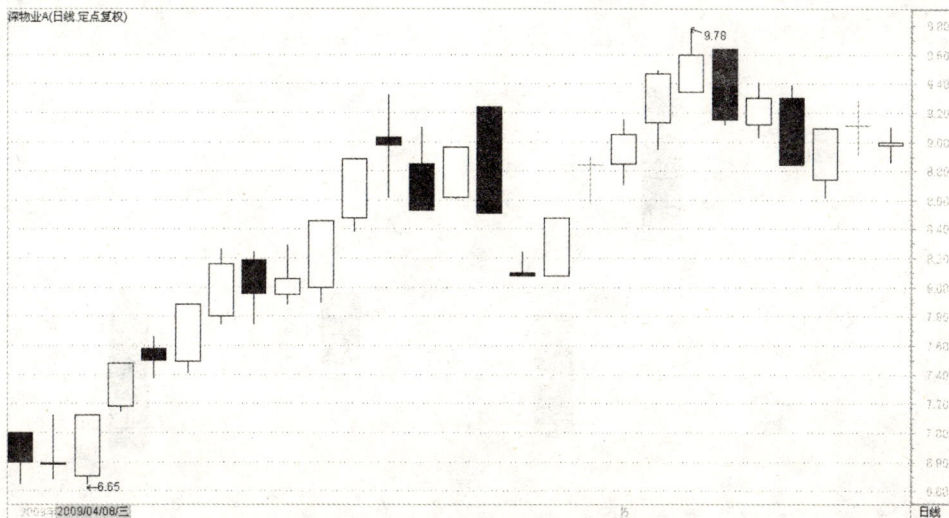

图 7-10　深物业 A 倒锤头形态操盘

第五节　倒锤头形态实例四

我们再来看一个在三步法框架下运用倒锤头的实例。请看图 7-11，这是沙河股份的实例，在这个实例中股价下跌之后出现了横盘整理，然后再度下跌，所以整体下跌走势还是非常显著的，不过近期下跌不是很显著，这种情况应该如何应对呢？我们想在本小节谈谈自己的看法，希望大家能够根据具体情况灵活处置，但是在这种灵活中还是应该保有一定程度的原则性，这个原则就是根据概率来控制仓位，如果概率上很不利则不应该进场操作，如果概率上非常有利则应该相对采用较重的仓位操作。

1. 看盘

在一次例行选股过程中，我们发现了沙河股份这只股票可能存在经典高效 K 线形态，如图 7-11 所示，于是我们就将它放入股票池中以便进一步地筛选，这也是看盘这个步骤需要完成的任务。

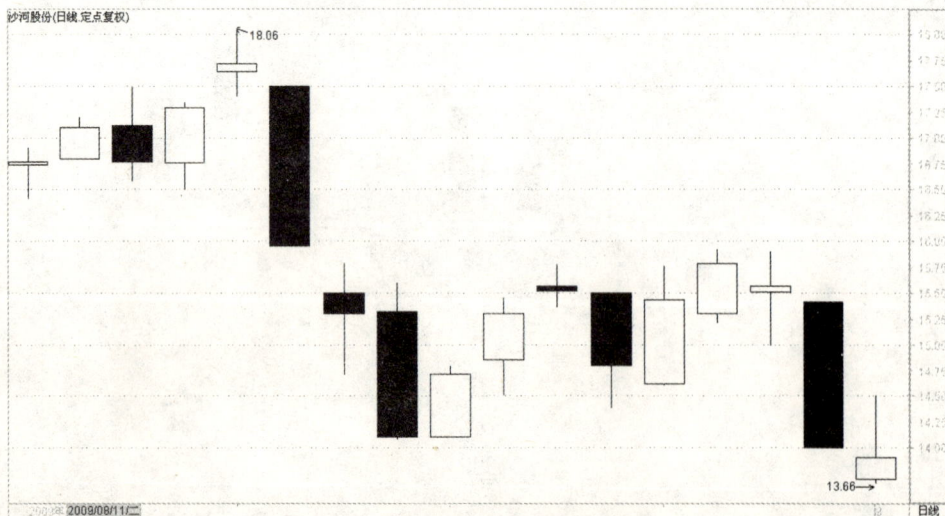

图 7-11　沙河股份倒锤头形态看盘

2. 解盘

接下来我们应该在解盘这个环节对初选出来的股票作进一步的分析和考证。在对沙河股份的解盘过程中我们需要最终明确它是否值得我们进行操作。如图7-12所示，沙河股份最近一个交易日呈现出了很长的上影线形态，而实体部分则非常短小，下影线基本上没有，这些都比较符合倒锤头的形态特征。最后，我们还需要来看倒锤头另外一个特征，这就是此前股价是否处于显著下跌的状态。严格来讲股价处于下跌、调整然后继续下跌的状态，单就这点来讲，这只股票最多采用轻仓进行交易。

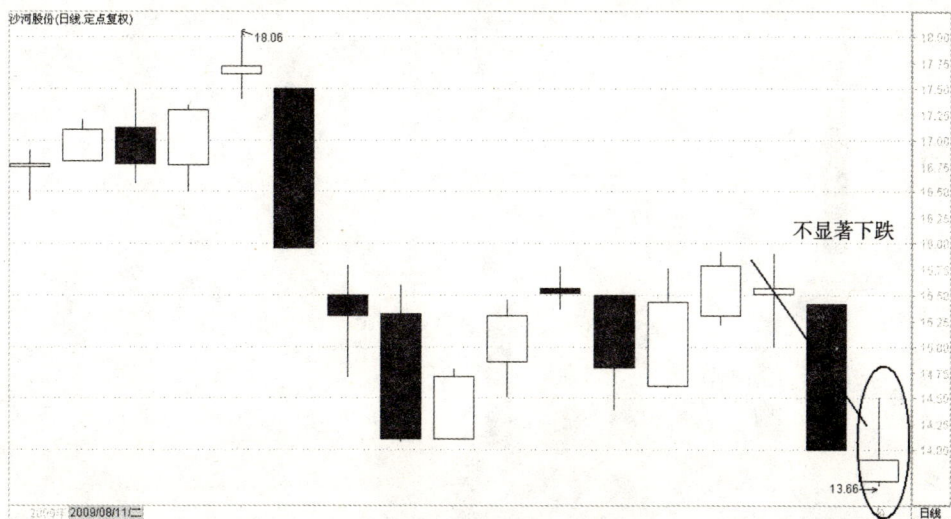

图 7-12 沙河股份倒锤头形态解盘

3. 操盘

最后，我们决定对沙河股份采用轻仓进行操作，如图 7-13 所示。我们决定在次日开盘买入，结果次日开盘直接跳到倒锤头最低价下方，于是整个交易取消了。

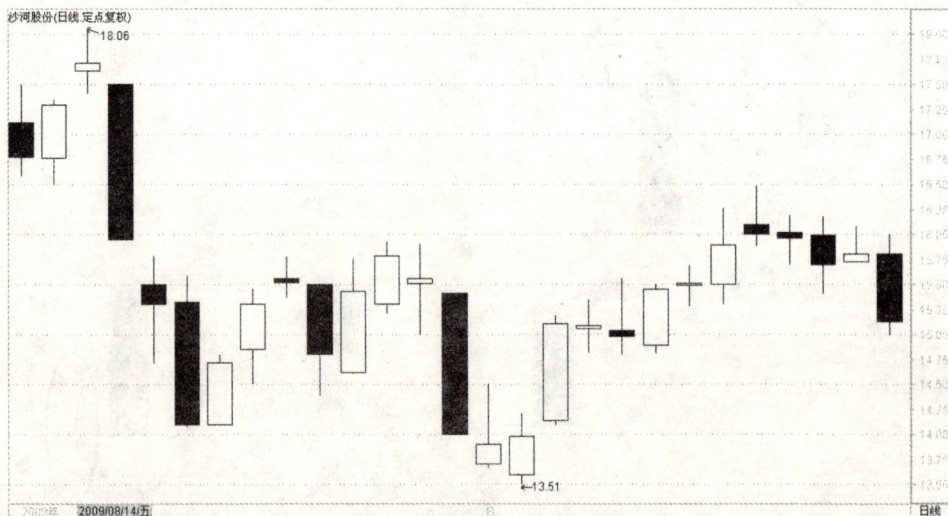

图 7-13　沙河股份倒锤头形态操盘

第八章 高效组合8——上吊线

上吊线与锤头的形态类似，但是前者出现在上升走势之后，后者出现在下降走势之后。除了这个区别之外，上吊线往往对应着成交量的高点，而锤头往往对应着成交量的低点。通俗来讲，上吊线是倒锤头的镜像。在本章中我们将对上吊线展开深入和全面的介绍，更为重要的是在三步法框架下演示如何利用上吊线在股票市场中获利。

第一节 上吊线形态解剖

下面我们利用上证指数向大家介绍上吊线的解剖结构，请看图8-1。请看上证指数最近一个交易日的K线形态，下影线很长，上影线最好是没有，而实体部分越短越好，更为重要的是之前股价走势最好处于上涨走势之中。随着大家解盘水平的提高，大家应该将成交量结合起来研读K线，这点将会在《经典量能一周通》中得到阐释，大家可以参考这本书的内容。上吊线出现之后，股价倾向于下跌，不过比起流星形态而言，上吊线是相对较弱的看跌经典K线组合。

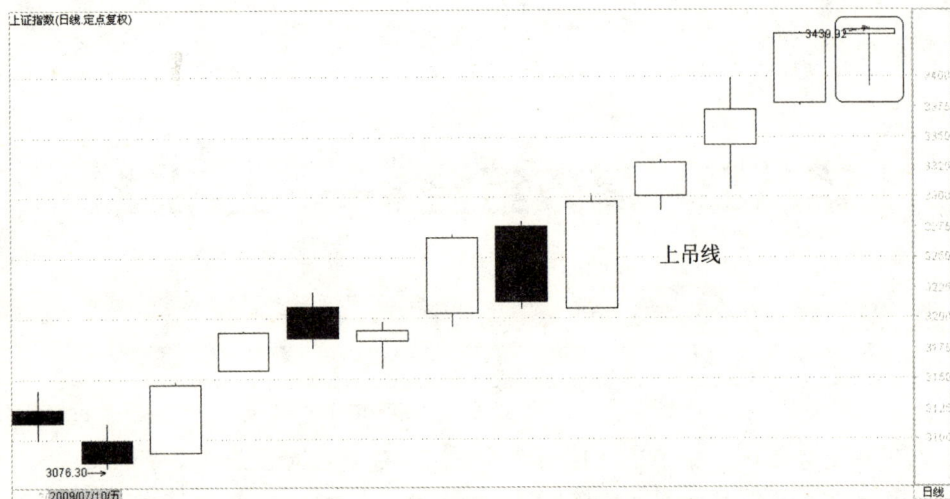

图 8-1　上证指数上吊线形态解剖

第二节　上吊线形态实例一

我们来看第一个在三步法框架下利用上吊线进行操作的实例，这是深华发 A 的实例，下面我们对此进行分析，以便大家了解运用的要点。

1. 看盘

在一次收盘后的例行选股过程中，我们发现了深华发 A 这只股票，它可能具有经典的上吊线形态，于是我们将它放入到股票池中，以便进行进一步地选择，如图 8-2 所示。

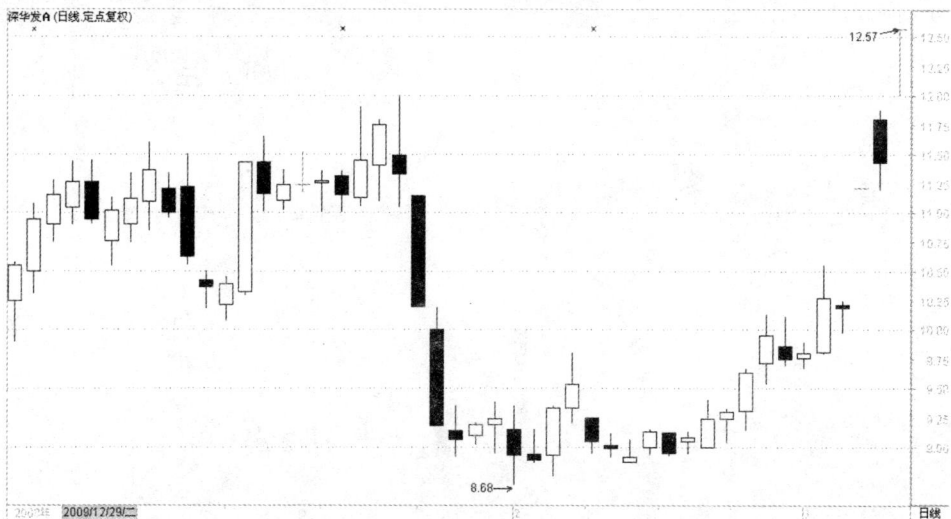

图 8-2 深华发 A 上吊线形态看盘

2. 解盘

在看盘过程中我们找到了深华发 A 这只股票，于是我们准备进一步地在第二个环节——解盘环节中对它进行分析和考量，请看图 8-3。深华发 A 最近一个交易日 K 线的下影线非常长，而实体部分非常短，几乎成了一条横线，上影线几乎没有。更为重要的是之前股价走势一直处于上升走势之中。总体而言，我们认为深华发 A 最近一个交易日的 K 线是经典的上吊线组合，于是我们准备对它进行具体的操作。

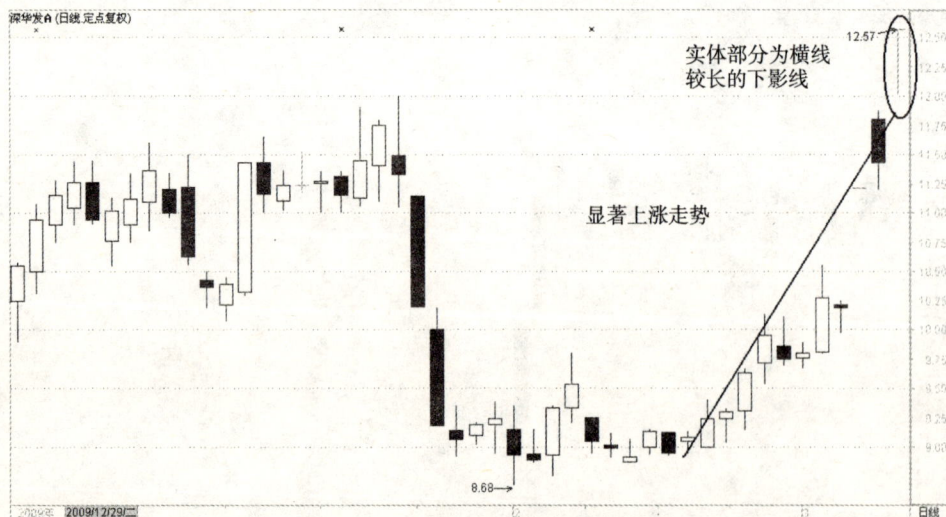

图 8-3 深华发 A 上吊线形态解盘

3. 操盘

我们准备介入到操作阶段，请看图 8-4，在上吊线形成次日开盘我们进场融券卖空，止损出场点设定在上吊线最高点附近，结果股价盘中就触及了止损点，于是我们退出了交易。不过，此后股价却快速下跌，但是这与我们已经无关了。不是每笔交易都是我们能够把握的，这是大家需要注意的一点。

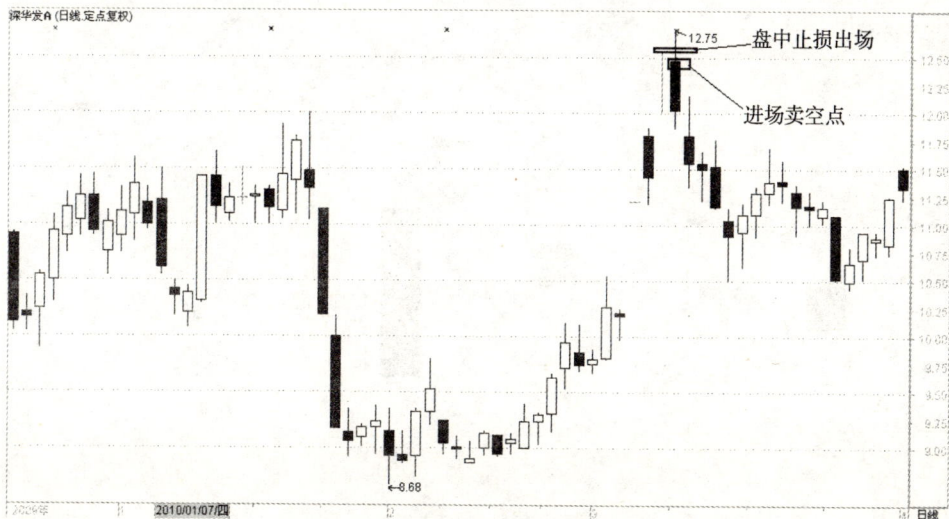

图 8-4　深华发 A 上吊线形态操盘

第三节 上吊线形态实例二

上吊线的第二实例是本钢板材,大家请看图8-5。在这个例子中,上吊线形态并不理想,我们应该如何来应付这种不理想的 K 线形态呢?

1. 看盘

在一次例行的盘后选股之中我们发现了本钢板材的这只股票,如图8-5所示,它在最近一个交易日可能是上吊线形态,于是我们将它放入到股票池中以便做进一步地筛选,这就完成了看盘这个环节的任务,当然一同放入到股票池中的个股还很多,它们也等待着第二个步骤解盘环节的筛选。

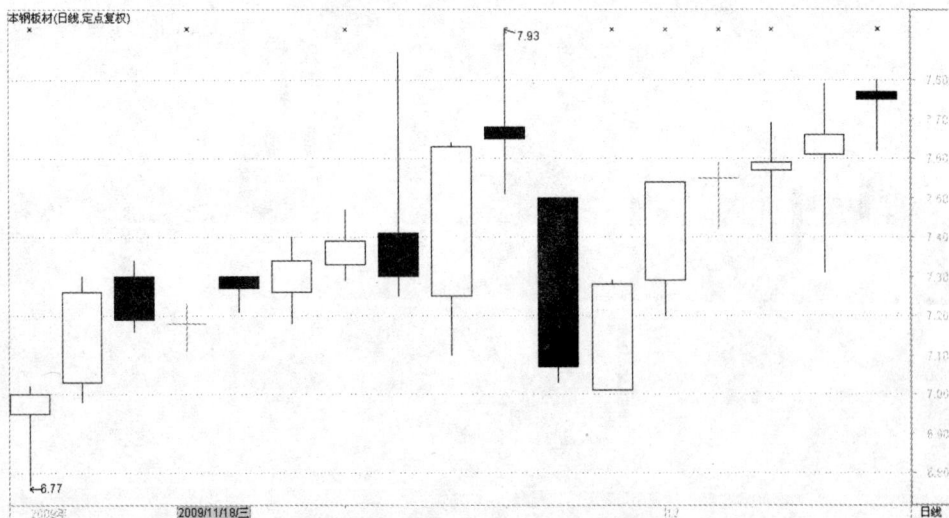

图8-5 本钢板材上吊线形态看盘

2. 解盘

下面我们再从更加全面和细微的角度对本钢板材这只股票进行分析。如图8-6所示，股价此前处于显著的上升状态，不过最近几个交易日出现了很多影线较长的 K 线，而且是在前期高点附近，表明多空在此的斗争比较激烈，走势反转的可能性很大。更为重要的是，最近一个交易日的 K 线上影线很短，下影线很长，实体部分也很短。由于上影线还是比较明显，所以就这点来讲这个上吊线并不理想，所以我们决定轻仓操作。

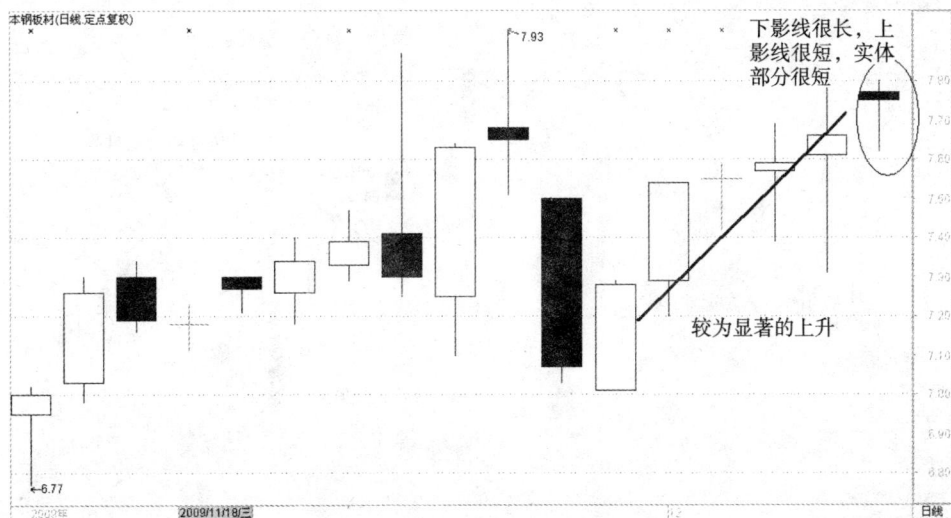

图 8-6　本钢板材上吊线形态解盘

3. 操盘

接着，我们对本钢板材的操盘环节进行规划。我们在上吊线出现的次日开盘融券卖空，当然如果你持有多头则这是一个卖出的信号，如图 8-7 所示。融券卖空之后，我们将止损点设定在上吊线最高价附近。此后，股价大幅下跌，下跌数日之后，股价反弹超过了最近两个交易日的最高点，于是我们了结一半的仓位。此后，本钢板材继续下跌，不断创出新低，最终出现了早晨之星，于是我们在次日回补了剩下的空头仓位。

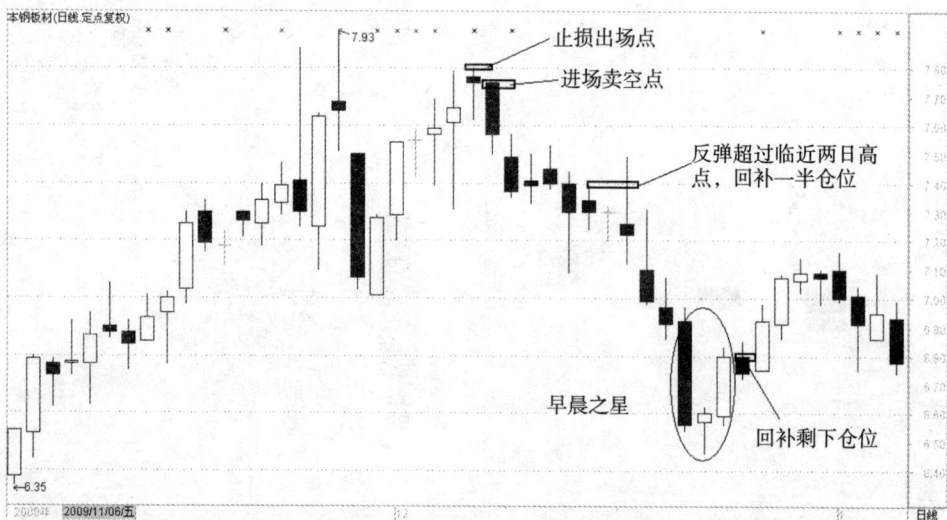

图 8-7　本钢板材上吊线形态操盘

第四节 上吊线形态实例三

我们再来看第三个利用上吊线进行操作融券卖空操作的实例，这是西北化工的实例，在这个例子当中股价也是出现在前期高点附近，并且此前的上升态势更为显著和持久，那么我们如何来操作它呢？请看下面的详细解剖。

1. 看盘

盘后我们依次翻看每只股票的近期走势，在这个看盘的过程中我们发现了西北化工这只股票，这只股票最近一个交易日的形态非常像上吊线，这里可能存在一个极佳的做空机会，是否可以由此展开交易呢？如图 8-8，我们可以由此进行进一步地了解和分析。

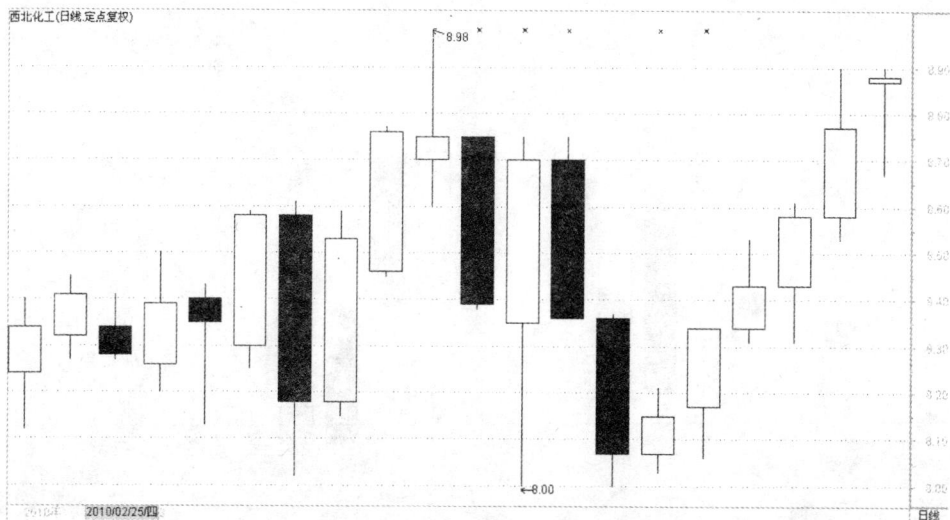

图 8-8 西北化工上吊线形态看盘

2. 解盘

下面，我们进一步对西北化工的走势进行分析，请看图 8-9，最近一个交易日股价开盘后大幅度下跌，之后又迅速拉起，最终收盘在接近最高价的地方，同时可以发现此前股价一直上涨，每个交易日都是上涨的阳线。整体来看，西北化工最近的走势比较适合从事融券卖空交易，于是我们准备进入到下一个环节。

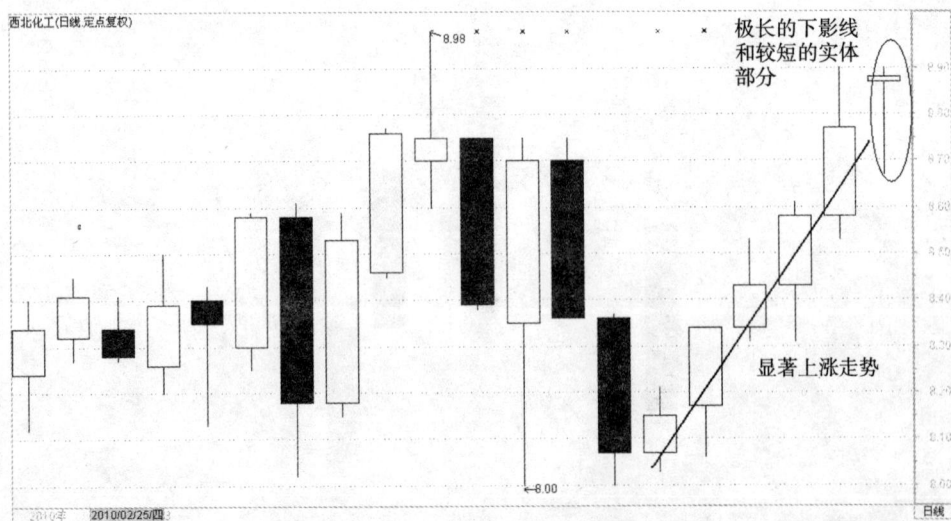

图 8-9 西北化工上吊线形态解盘

3. 操盘

在我们确认了西北化工的上吊线之后，我们计划在次日开盘的时候融券卖空这只股票，止损点放置在上吊线最高价附近，如图 8-10 所示。结果次日开盘股价迅速跳空到了上吊线最高价之上，于是我们没有进场。当日收盘，形成了看跌吞没组合，于是我们又可以谋划新的一次进场。从这个例子可以看出，很多时候市场不会按照我们意料的方向前进，所以我们必须顺应市场的发展进行操作。

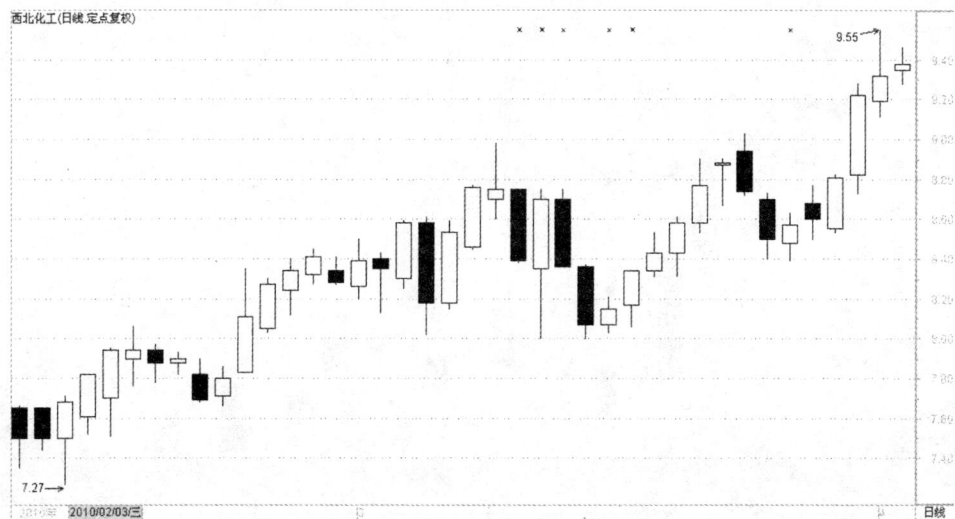

图 8-10　西北化工上吊线形态操盘

第五节　上吊线形态实例四

来看三步法框架下利用上吊线的最后一个实例，这是中汇医药的实例，在这个例子中之前的上涨走势主要体现在一个交易日中，在这种情况下进场融券做空要非常小心才行。

1. 看盘

在每个交易日例行的收盘后选股功课中，我们发现了中汇医药这只股票，就其最近的走势来看似乎出现了上吊线形态，如图 8-11 所示，于是我们将它放入到了股票池中以便进一步地筛选。

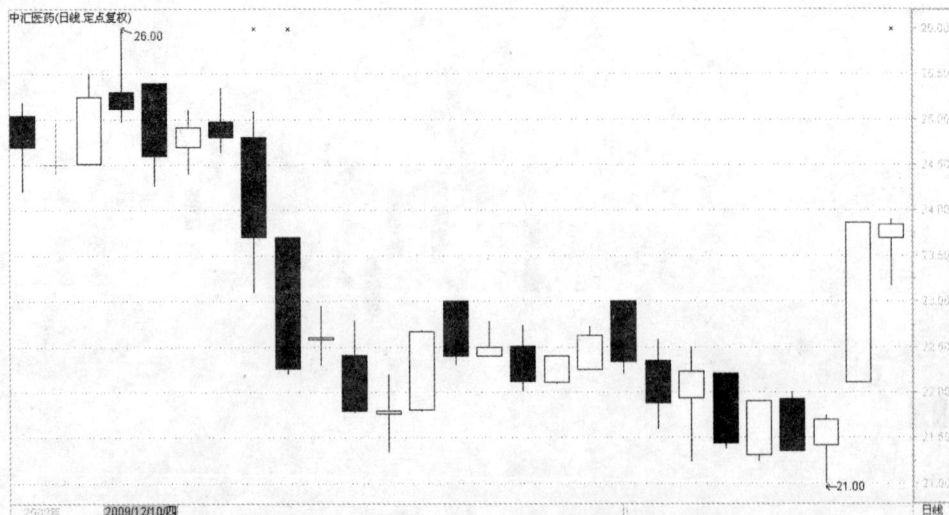

图 8-11　中汇医药上吊线形态看盘

2. 解盘

经过看盘的环节，我们将中汇医药放入到了股票池中，但是这还不足以构成介入它的理由，于是我们需要进一步地分析。在解盘这个环节中我们完成了深入和全面分析的任务。请看图 8-12，股价从 21 元的近期低点迅速反弹，一个交易日后出现了类似上吊线的 K 线形态，最近一个交易日的下影线很长，上影线极短，实体部分也很短。综合考虑之后，我们确定这是一例之前上涨不显著的上吊线形态，于是我们准备轻仓介入这只股票。

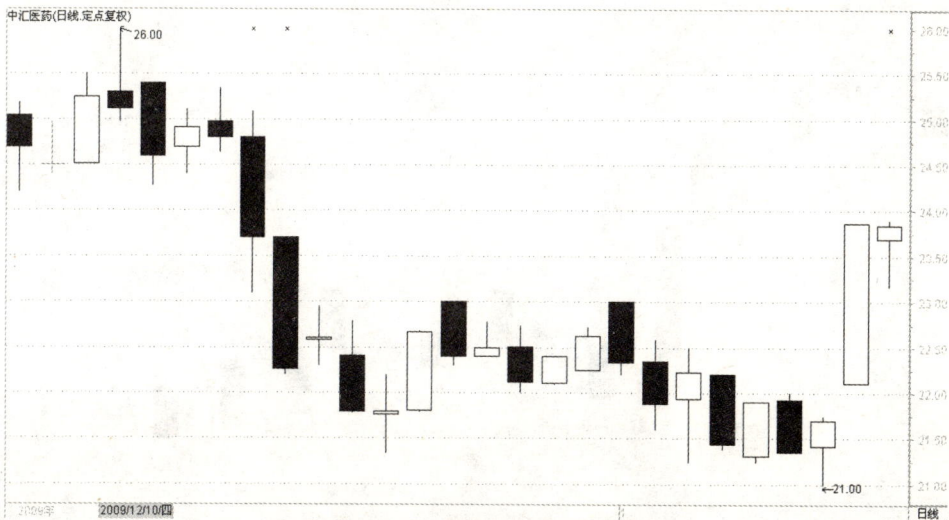

图 8-12 中汇医药上吊线形态解盘

3. 操盘

经过了看盘和解盘环节，我们确认了要对中汇医药进行轻仓操作，在操盘这个环节中我们先要对进场和出场进行一定的规划，如图 8-13 所示。在上吊线形成的次日开盘我们融券卖出，并将止损出场点设定在上吊线最高价附近，结果进场当日就触及止损出场了。进场当日收盘形成看跌吞没，于是又提供了新的进场融券做空机会，这个机会事后看来是非常不错的。

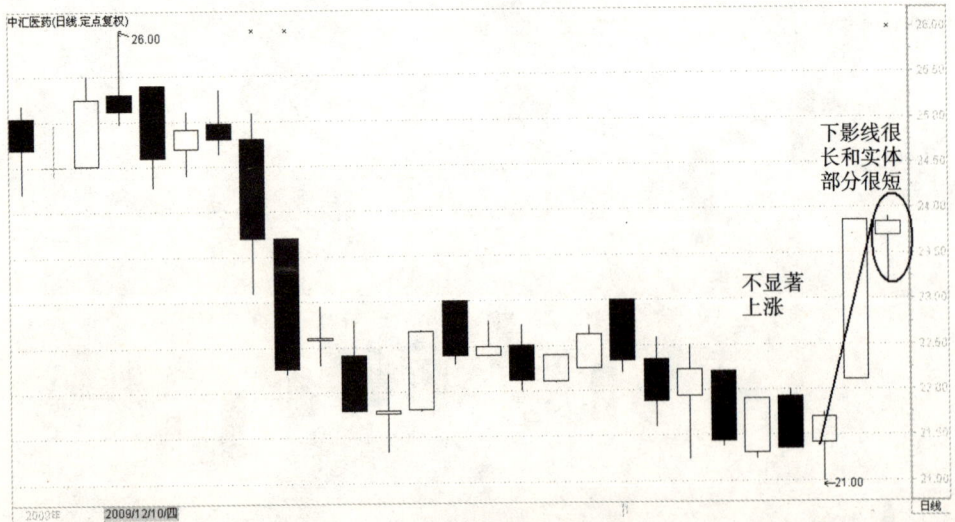

图 8-13　中汇医药上吊线形态操盘

星期五
三个白兵　三只乌鸦

第九章 高效组合9——三个白兵

长期大跌之后，什么时候才能介入？这是绝大多数股民都关心的问题。我们一般通过观察K线多空力量的转变来做到这一点，而在本章中我们将介绍到另一种被大家忽视，但却十分有助于我们观察市场多空力量转变的形态，这种形态类似于大阳线，但是却以其数量上的优势和时间上的持续性预示着多方力量逐渐占据主动，这就是三个白兵。三个白兵在股票短线炒卖中不太容易遇到，而且可靠性要比之前介绍的一些形态低一些，但是这些并不影响我们对它的掌握，毕竟它与没有入选本书的K线形态相比具有更高的胜算和可靠性，因此值得我们认真地去掌握它。

第一节 三个白兵形态解剖

三个白兵具体是指连续三个阳线，而这三根阳线应该呈现出逐渐拉高的走势，不能是横盘整理，同时三根阳线出现之前股价应该呈现下跌走势。我们以上证指数的真实走势来解剖三个白兵形态，如图9-1所示。股价从2995.8附近高位下跌，跌到2639.76附近出现了连续三日的拉升，三个交易日呈现出逐步上扬态势，这就是典型的三个白兵走势。这种走势出现之后股价继续上涨的可能性很大，也就是说这个形态是价格走势由跌转而上升的信号。

我们这里总结一下三个白兵形态解剖的几个特征。大家在三步法框架下操作三个白兵的时候，需要牢记这几个特征，以便准确识别出这一形态，从而做高概率的操作，请看图9-1。第一个特征是此前股价处于显著下跌状态；第二个特征是连续三个交易日 K 线是阳线；第三个特征是连续三个交易日股价处于抬升状态，最好是第二日收盘价高于第一日的收盘价，而第三日收盘价高于第二日的收盘价。下面，我们就用具体的实例来演示如何在三步法框架下运用三个白兵这一形态操作个股吧。

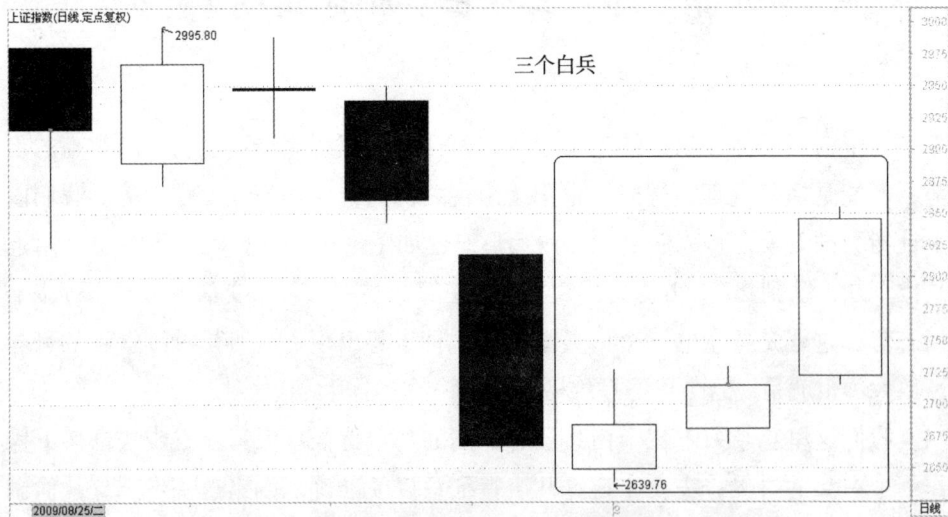

图 9-1　上证指数三个白兵形态解剖

第二节 三个白兵形态实例一

第一个实例是风华高科，这只股票经历了连续数日下跌，而且期间有跳空下跌的迹象，严格来讲这只股票的这几日下跌比较符合下一章将介绍的三只乌鸦形态，不过由于三只乌鸦出现之前股市横盘整理了三日，所以它们预示下跌的概率小了很多。我们还是回到三个白兵这一主题，在本例中最近交易日走势比较符合三个白兵的要求，只是之前下跌走势还不是非常明显，如果此前下跌过程再持久一点就更好了。

1. 看盘

在一次盘后例行选股过程中，我们发现了风华高科，如图 9-2 所示，它正处于高位下跌状态，然而在最近三个交易日出现了阳线，与三个白兵模型对比，有可能就是这一形态，于是我们将这只股票放进了股票池，以便进行进一步地筛选。将一些具有可能形态的股票放入到股票池中进行筛选，这就是看盘环节的唯一任务。

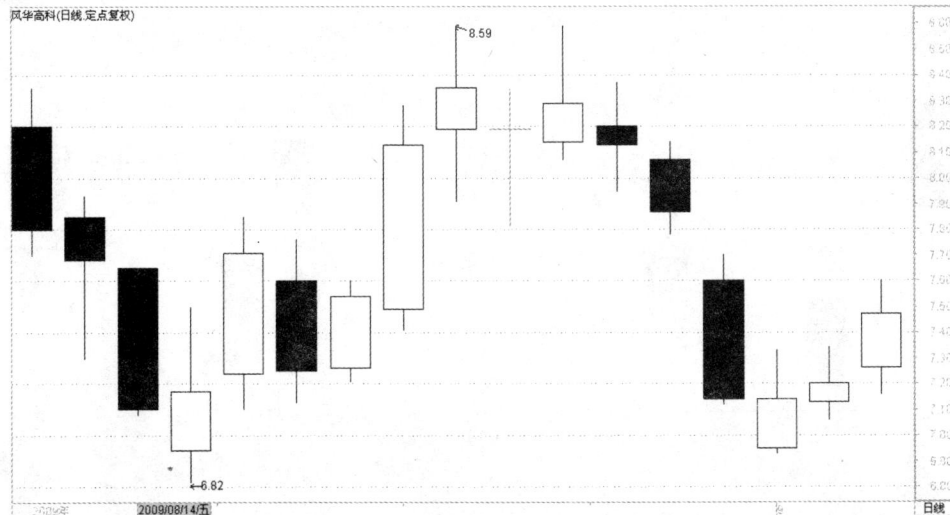

图 9-2　风华高科三个白兵形态看盘

2. 解盘

在看盘阶段，我们将风华高科放入到了股票池中，在整个看盘环节结束之后，也就是审视完了所有的股票之后，我们现在需要针对股票池中的个股进行深入的分析，这就是解盘环节需要完成的任务了。请看图 9-3，我们现在对风华高科近期走势进行剖析，看其是否符合三个白兵形态的要求。风华高科在出现三日阳线之前处于下跌状态，下跌幅度还算比较显著。再来看最近三个交易日的特征，三个交易日都是阳线这是不用说的特征，更为重要的是三个交易日的收盘价逐日走高。由于风华高科最近的走势符合了三个白兵的特征要求，于是我们准备介入到这只股票的操作之中。

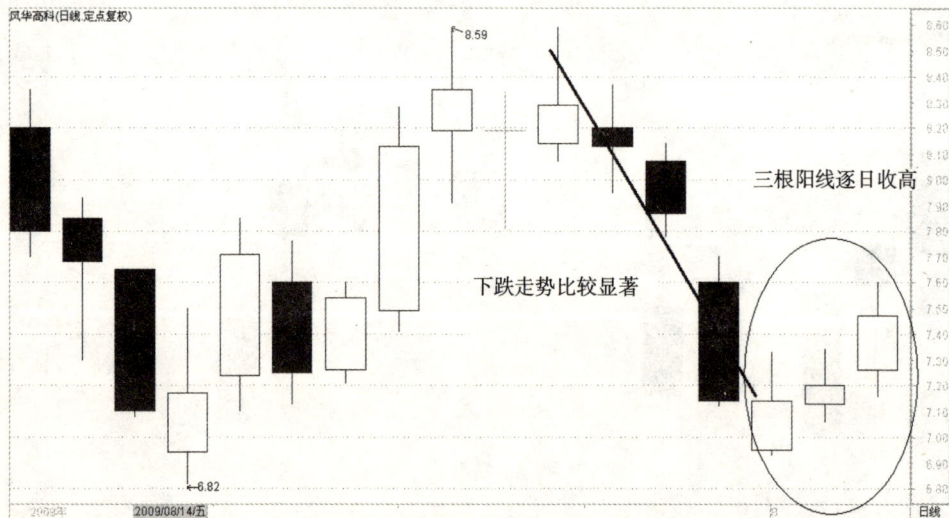

图 9-3 风华高科三个白兵形态解盘

3. 操盘

在风华高科出现三个白兵形态的次日开盘我们以正常仓位买入了这只股票，如图 9-4 所示，止损点放置在三个白兵的最低点附近。买入当日股价就大幅度攀升，创出新高。不过，此后几日股价一直处于窄幅盘整状态，不久跌破临近两日最低价，于是我们了结了一半的仓位。此后股价开始大幅拉升，开始一轮新的上扬走势，直到创出 9.29 元的高位我们仍旧持有剩下的一半仓位。

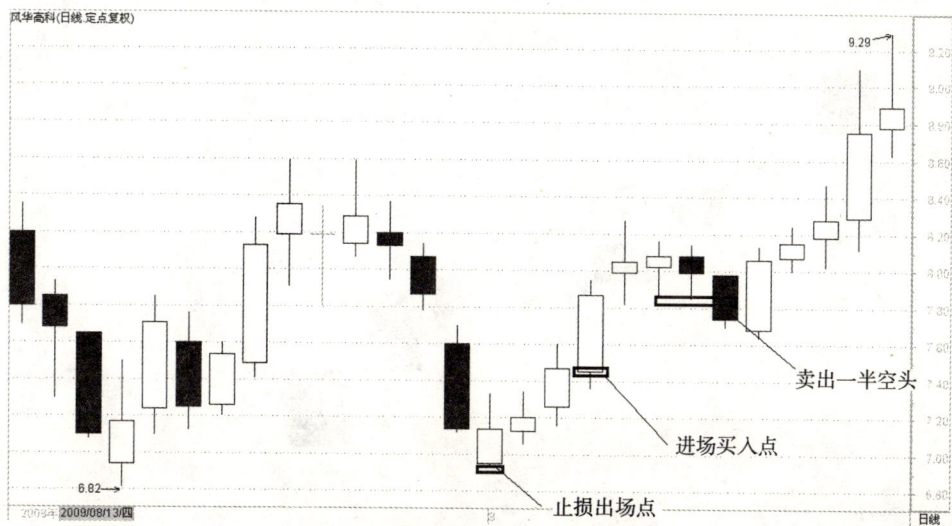

图 9-4　风华高科三个白兵形态操盘

第三节　三个白兵形态实例二

我们来看第二个三步法框架下利用三个白兵形态进行个股操作的实例，这是金德发展的例子，在这个例子中下跌非常显著，而且形态本身的特征也具备良好，于是我们以相对较重的仓位介入到这只股票中。

1.看盘

在收盘后的例行选股过程中，我们发现了金德发展这只股票，它最近几日的走势初步看起来比较符合三个白兵的形态，如图 9-5 所示，于是我们将它放入到股票池中以便接受下一个环节的考察。

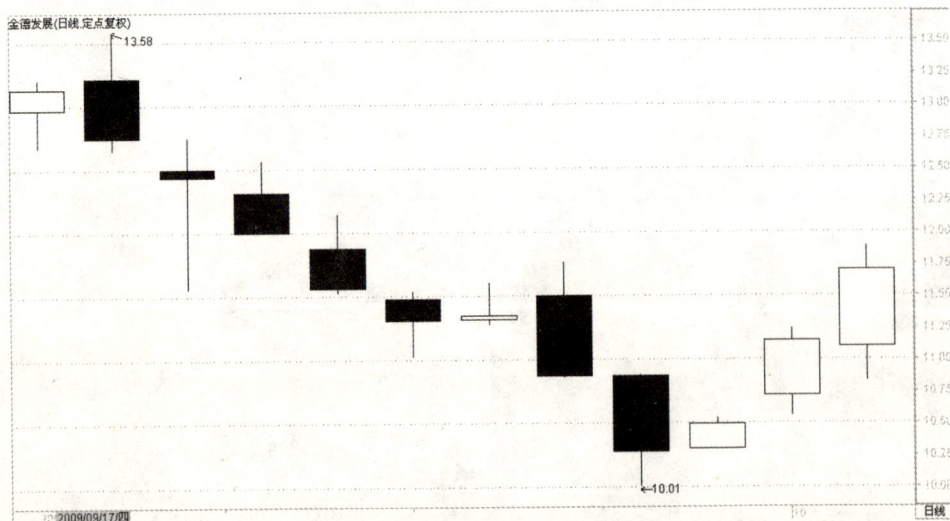

图 9-5　金德发展三个白兵形态看盘

2. 解盘

　　金德发展最近走势可能具有三个白兵的特征，这是我们在初选中得出的结论，下面在本环节我们需要进一步地考证。如图 9-6 所示，在该形态出现之前，金德发展一直处于下跌状态，从 13.58 元一直下跌到 10.01 元附近，这满足了三个白兵一个特征要求。同时，最近三个交易日股价都收出了阳线，而且收盘价一日比一日高。综合来看，金德发展最近的走势完全符合三个白兵的解剖特征，于是我们决定以相对较重的仓位操作这只股票。

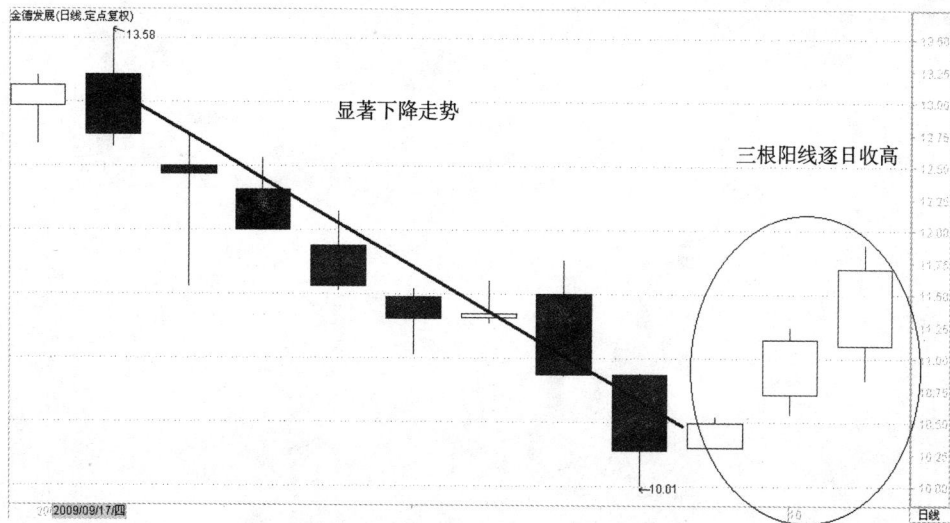

图 9-6　金德发展三个白兵形态解盘

3. 操盘

当我们在看盘和解盘环节考察并通过金德发展之后，现在我们需要在操盘环节对这只股票的近期走势进行实质性的介入。如图 9-7 所示，我们在三个白兵形成后的次日开盘以相对较重的仓位买入这只股票，此后股价一路上涨，然后出现了看跌母子形态，于是我们在次日开盘卖出一半的股票。隔日之后，股价跌破近两日的最低价，于是我们再卖出剩下的一半股票。

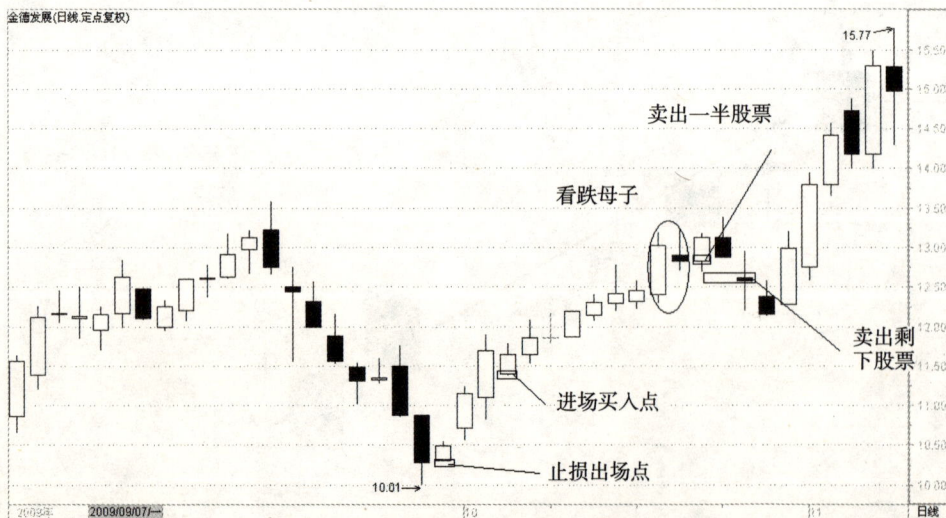

图 9-7 金德发展三个白兵形态操盘

第四节 三个白兵形态实例三

在三步法框架下利用三个白兵的第三个实例是武汉塑料这只股票，这只股票近期走势其实不是严格意义上的三个白兵形态，大家可以仔细看一下哪些地方不符合三个白兵的要求。

1. 看盘

我们的学员在一次例行选股操作中发现了武汉塑料这只股票，他认为这只股票最近的走势似乎符合三个白兵形态的要求，如图 9-8 所示，于是他将这只股票放入到了股票池中。

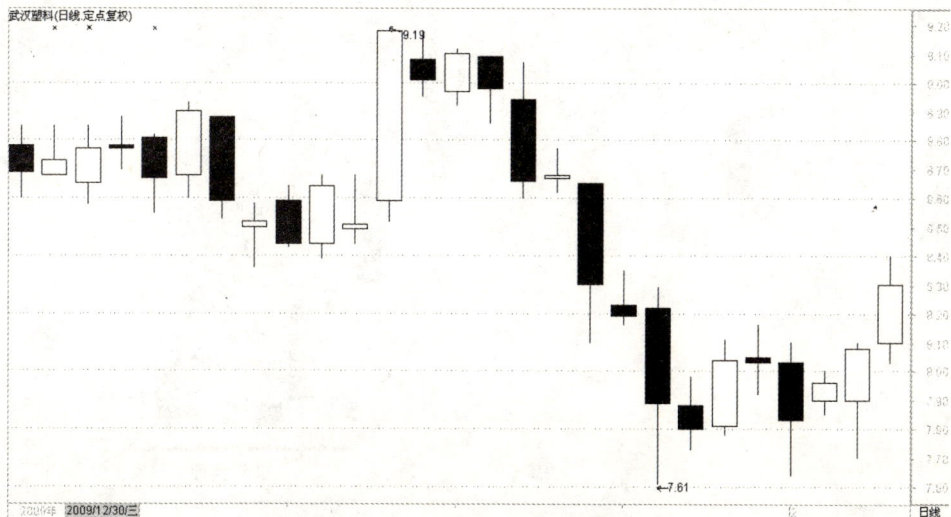

图 9-8 武汉塑料三个白兵形态看盘

2. 解盘

看盘阶段，我们这位学员将武汉塑料放入到了股票池中，到了解盘阶段，他需要对这只股票进行更加深入的分析，以便确认这只股票最近走势是否真的符合三个白兵解剖特征。如图 9-9 所示，在连续三日的阳 K 线出现之前，股价处于下跌之后的长时间横盘状态，这点不太符合要求。除此之外，第二日阳线收盘价高于第一日，第三日收盘价高于第二日，这点关键细节还是满足的。但是，从严格的角度来讲这只个股并不符合三个白兵的要求，所以解盘阶段应该否定掉这只股票。

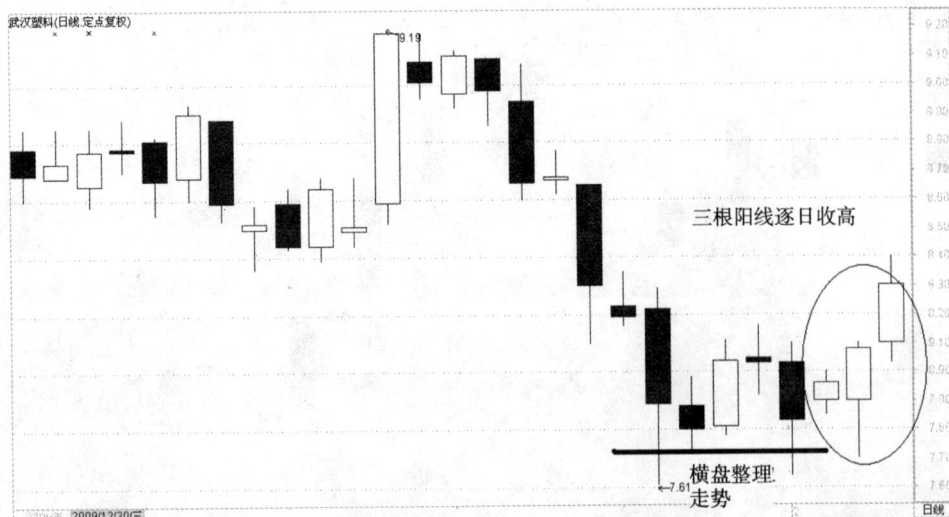

图 9-9　武汉塑料三个白兵形态解盘

3. 操盘

　　武汉塑料通过了看盘阶段的筛选，但是没能通过解盘阶段的筛选，因为这只股票出现三根阳K线之前有好几天都处于横盘整理状态，如图9-10所示。虽然如此，这只股票此后还是走了一波气势如虹的上涨行情，这点也说明了技术分析不是万能的，不是百分之百准确的。有时候我们会将一些亏损的股票放进操作名单，而有时候我们会将一些盈利的股票剔除出操作名单，毕竟股票买卖是一门不确定性较高的工作。

图9-10　武汉塑料三个白兵形态操盘

第五节　三个白兵形态实例四

下面我们来看最后一个实例，这是在三步法框架下利用三个白兵操作大连友谊的实例，这是一个非常标准的三个白兵，希望大家仔细看清楚其中的分析和操作，以便在本章结束之前能够具备运用三个白兵的基本能力。

1. 看盘

收盘后，在例行的选股过程中，我们发现了大连友谊，如图 9-11 所示，它最近三个交易日都是上涨的，粗略看起来好像是三个白兵，于是我们准备将它放入到股票池中以便接受进一步地筛选，也就是说大连友谊通过了看盘这个阶段的筛选。

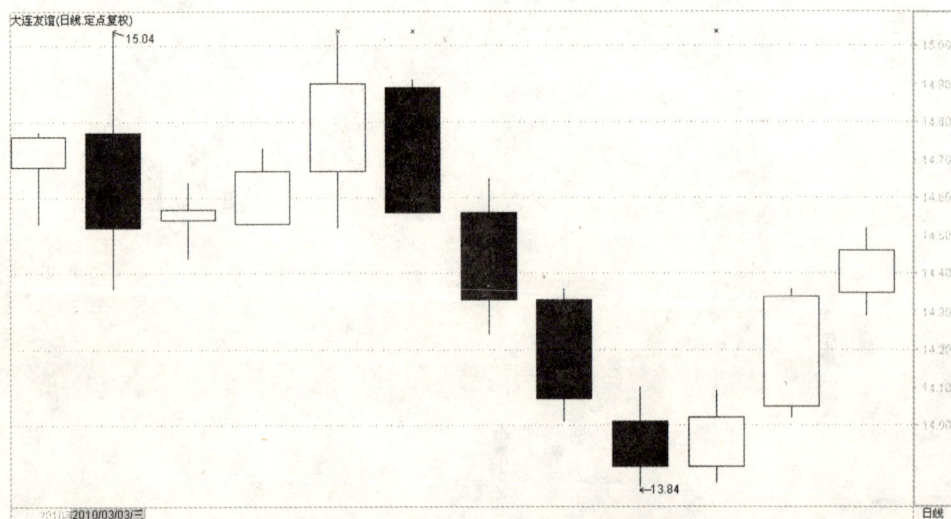

图 9-11　大连友谊三个白兵形态看盘

2. 解盘

看盘阶段我们初选出了大连友谊这只股票，现在解盘环节我们还需进一步对这只股票进行考量，请看图 9-12。在三日阳线出现之前，大连友谊的股价处于显著下跌状态，更为重要的是三日阳线的收盘价不断提高，第二日阳线收盘价高于第一日阳线收盘价，第三日阳线收盘价高于第二日阳线收盘价。仔细考量之后，我们确认大连友谊最近的走势符合选股要求，于是我们准备进行实际操作了。

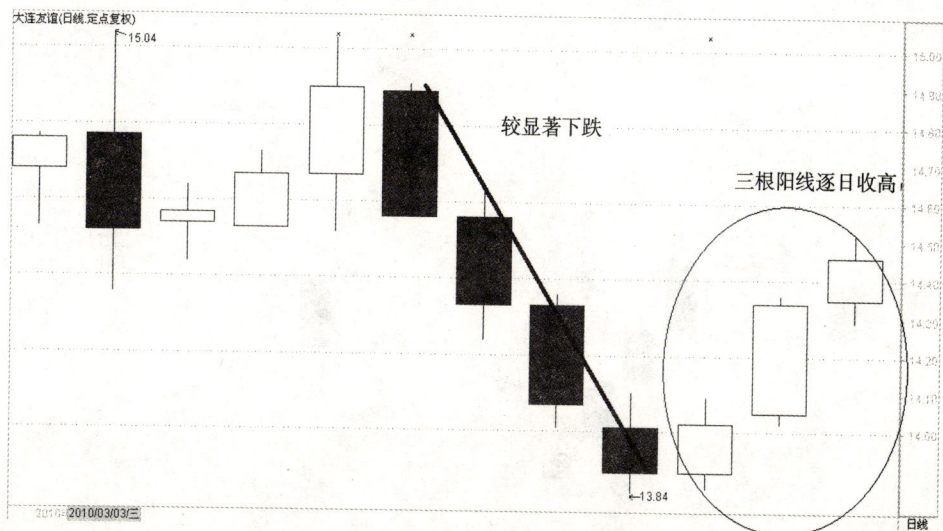

图 9-12　大连友谊三个白兵形态解盘

3. 操盘

确认大连友谊近期走势符合三个白兵形态之后，我们就准备规划一下进场和出场了。请看图 9-13，股价从低位上扬出现三根阳 K 线之后，也就是在确认三个白兵的次日我们在开盘时买入这只股票，两个交易日之后，股票出现了看跌吞没形态，于是我们卖出一半仓位。此后股价跌破临近两日最低点，于是我们卖出剩下的仓位。可以发现这笔交易其实没有赚到什么钱，此后股价又再度上扬了，不过与我们已经无关了。做股票关键要明白一句话：不是所有行情都是自己能够把握的，真正厉害的股民是把握那些自己能把握股票的人。

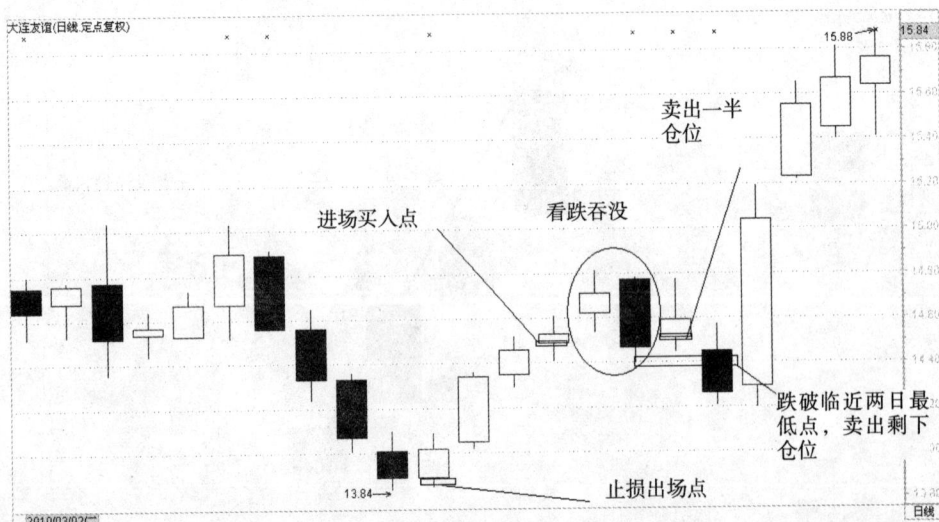

图 9-13　大连友谊三个白兵形态操盘

第十章 高效组合 10——三只乌鸦

与三个白兵相应的看跌形态是三只乌鸦，三只乌鸦出现在个股和指数大涨之后，这点要求非常重要，一般而言长时间上涨之后如果股价出现了连续三日的下跌，那么趋势可能已经反转了，所以此时进场融券做空应该是比较好的机会。三只乌鸦是比较有效的经典 K 线组合，与三个白兵比起来更加有效，这点是大家需要注意的。

第一节 三只乌鸦形态解剖

我们首先来分析一下三只乌鸦的解剖形态，请看图 10-1，还是以上证指数作为展示的载体，在三只乌鸦出现之前，股价应该处于上涨过程中，并且是上涨幅度越大越好，然后股价出现连续三日的下跌，也就是连续三日都是阴线。第二日阴线的收盘价要低于第一日阴线的收盘价，第三日阴线的收盘价要低于第二日阴线的收盘价。当个股和指数出现了符合上述这些特征的 K 线组合之后，我们就遇上了一个可靠性较高的融券做空机会。另外，当你持有一些股票之后遇到这种形态，则是非常好的减仓或者平仓机会。

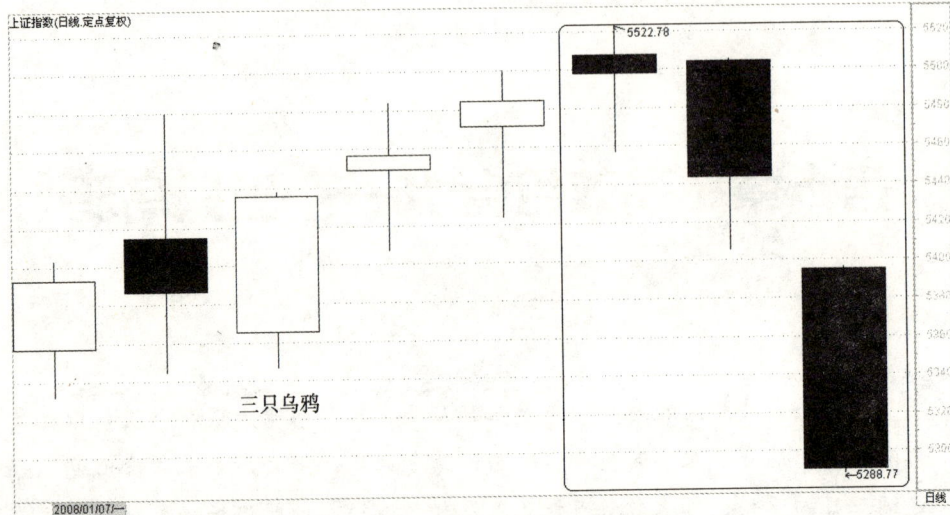

图 10-1 上证指数三只乌鸦形态解剖

第二节 三只乌鸦形态实例一

下面我们来看第一个在三步法框架下利用三只乌鸦的实例，这是远兴能源的例子，这个例子中的近期走势并不是非常标准的三只乌鸦，你知道在什么地方不标准吗？可以先看图 10-2，然后再看下面的演示和讲解。

1. 看盘

在一次例行的选股过程中，我们发现了远兴能源这只股票，它近期走势可能具有三只乌鸦形态，如图 10-2 所示，于是我们将该股放入到股票篮子中，以便进一步地筛选和甄别。

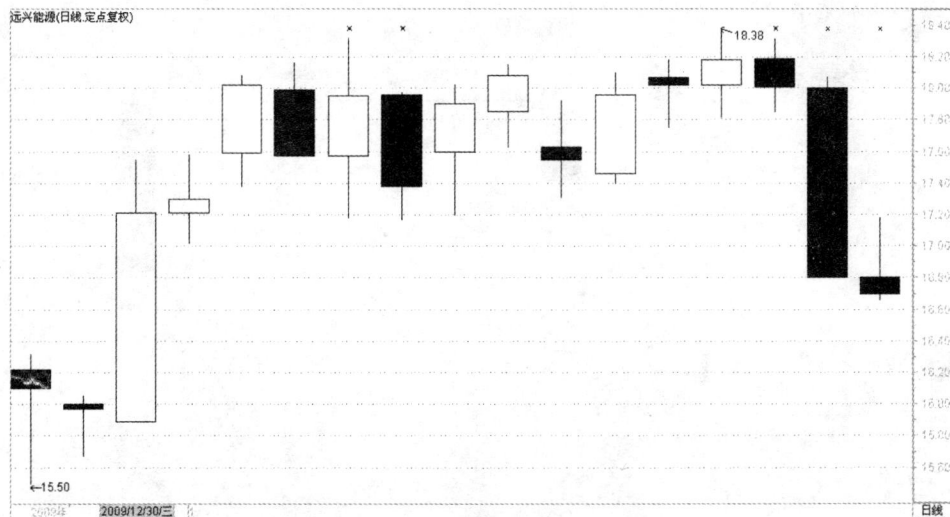

图 10-2　远兴能源三只乌鸦形态看盘

2. 解盘

在完成了看盘这个环节之后，我们需要对剩下的股票进行进一步地甄别以便查看它是否符合经典 K 线组合的具体要求，在解盘这个环节中我们对通过初选的远兴能源进行复选，请看图 10-3。在三个交易日的阴线出现之前，股价并没有处于非常显著的上涨状态，而是处于长时间的横盘整理状态，这点很重要，这说明目前的形态并不是标准的三只乌鸦。除此之外，最近三个交易日的收盘价都是逐步降低的，这点还是满足三只乌鸦的形态解剖要求的。总体而言，这并不适合我们正常仓位操作的三只乌鸦形态，激进的炒家可以轻仓介入其中。

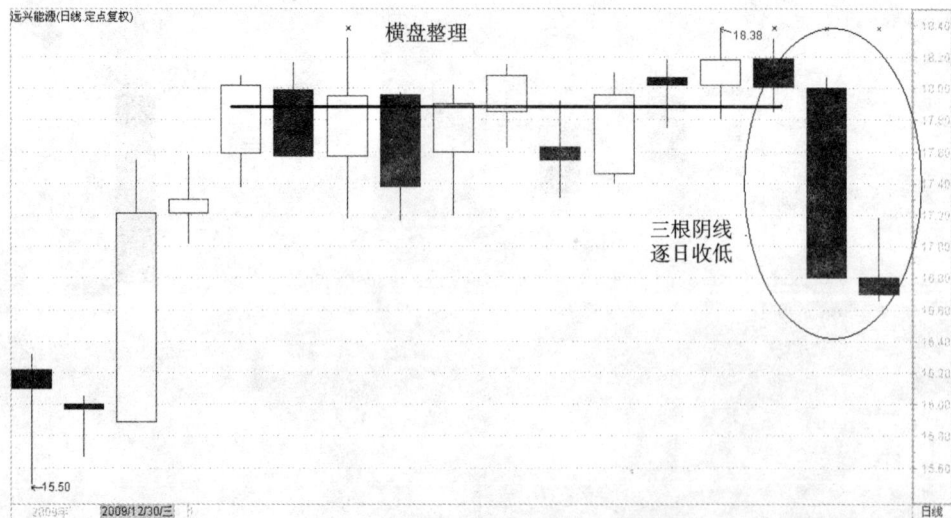

图 10-3 远兴能源三只乌鸦形态解盘

3. 操盘

远兴能源并没有出现标准的三只乌鸦，如图 10-4 所示，因此要么不介入，要么就轻仓介入，如果轻仓介入的话则在三只乌鸦形成的次日融券卖出远兴能源，同时将止损出场点放置在三只乌鸦最高价附近。此后股价一路下跌，跌至 14.29 元之后开始反弹，在形成倒锤头之后，我们回补一半的空头；在收盘形成早晨之星之前股价反弹突破了最近两日的最高价，于是回补剩下一半的空头。

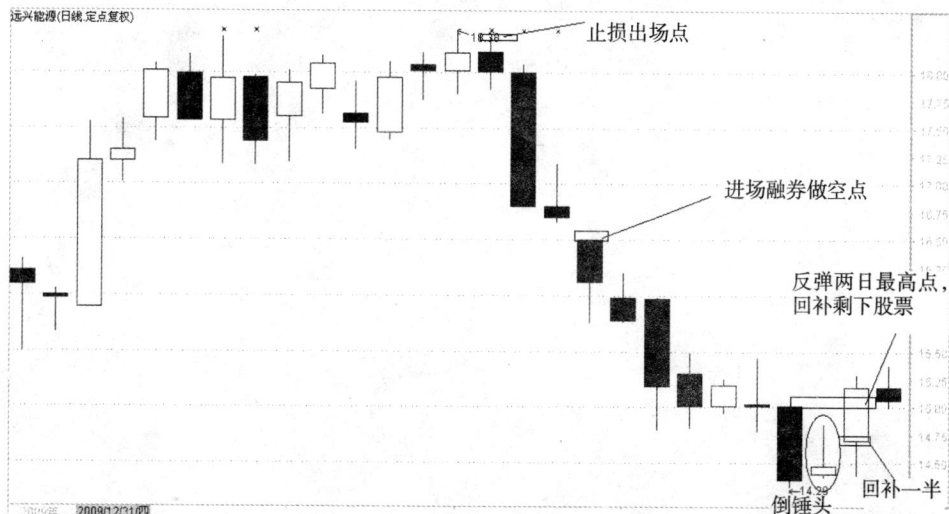

图 10-4 远兴能源三只乌鸦形态操盘

第三节 三只乌鸦形态实例二

下面我们来看第二个实例，在这个实例中，我们演示如何在三步法框架下利用三只乌鸦把握胜算率较高的行情，这个实例是 *ST 偏转，在这个实例中前期股价有较长时间的显著上涨，在这种情况下出现的三只乌鸦具有较高的胜算。

1. 看盘

每日收盘之后，我们都会倒一杯淡茶或者是咖啡，然后重新打开行情软件，依次快速翻看日线图走势。在一次例行的选股中，我们发现了 *ST 偏转这只股票，它最近的走势看起来非常符合三只乌鸦的形态特征，如图 10-5 所示，于是我们将 *ST 偏转放入股票池中以备进一步地筛选。

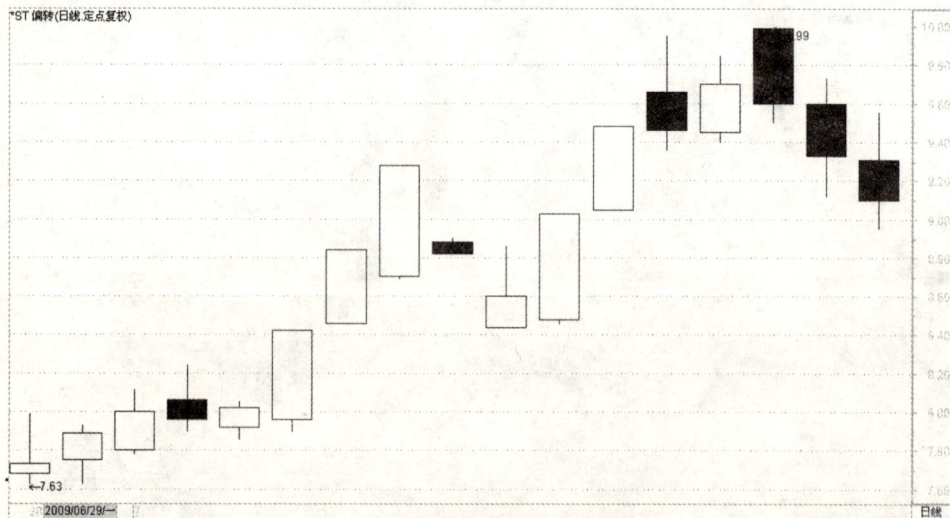

图 10-5 *ST 偏转三只乌鸦形态看盘

2. 解盘

看盘过程完成之后，我们开始对选入股票池中的个股进行复选，然后在解盘环节中，我们对包括 *ST 偏转在内的个股进行深入的分析。*ST 偏转最近三日走势是显著的下跌阴线走势，更为重要的是每日收盘都逐步走低，同时此前股价走势一直处于上涨走势，如图 10-6 所示。从这些方面来复选，*ST 偏转都是比较符合三只乌鸦形态定义的，于是我们将 *ST 偏转放入实际操作的股票池中。

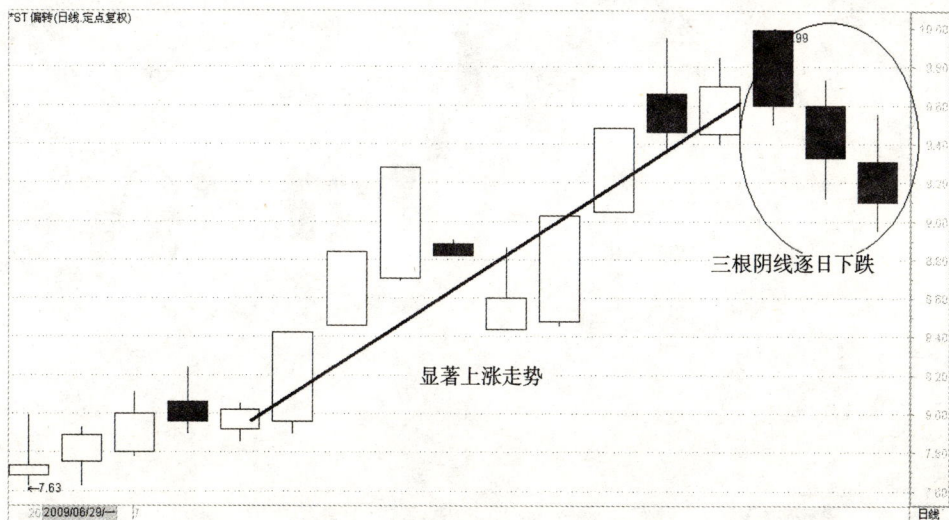

图 10-6　*ST 偏转三只乌鸦形态解盘

3. 操盘

当把三只乌鸦在 *ST 偏转上确认出来之后，我们就准备对它进行实际的操作了，毕竟这只股票最近走势呈现的机会是非常难得的，于是我们在确认三只乌鸦之后次日开盘融券卖空，并将止损设定在三只乌鸦最高点附近。此后，股价反弹超过临近两日最高点，于是回补一部分的空头，此后股价小幅反弹，然后出现看跌吞没，然后下跌，出现不标准的看涨吞没，于是我们了结剩下的空头。

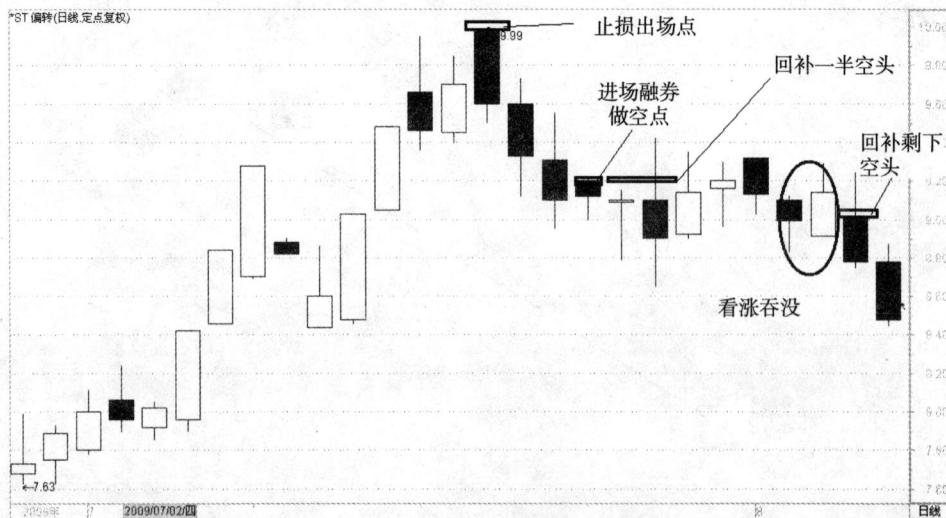

图 10-7   *ST 偏转三只乌鸦形态操盘

第四节　三只乌鸦形态实例三

沈阳化工是我们要介绍的第三个利用三只乌鸦形态进行操作的实例，在这个实例中，看跌母子是先于三只乌鸦出现的，当你错过一个形态之后，或许紧接着出现的形态可以供你操作，这就是这个实例提供的一个思路。

1. 看盘

在例行选股之中我们发现了沈阳化工这只股票，如图 10-8 所示，这只股票最近走势似乎比较符合三只乌鸦的走势，而且当第一只乌鸦出现的时候已经构成了一个典型的看跌母子形态，看跌母子是相对较弱的信号，在错过这个信号之后，我们似乎又在沈阳化工上发现了新的看跌信号。由于沈阳化工最近形态看起来比较符合三只乌鸦，所以我们将它放入到股票池中以便进行进一步地选择。

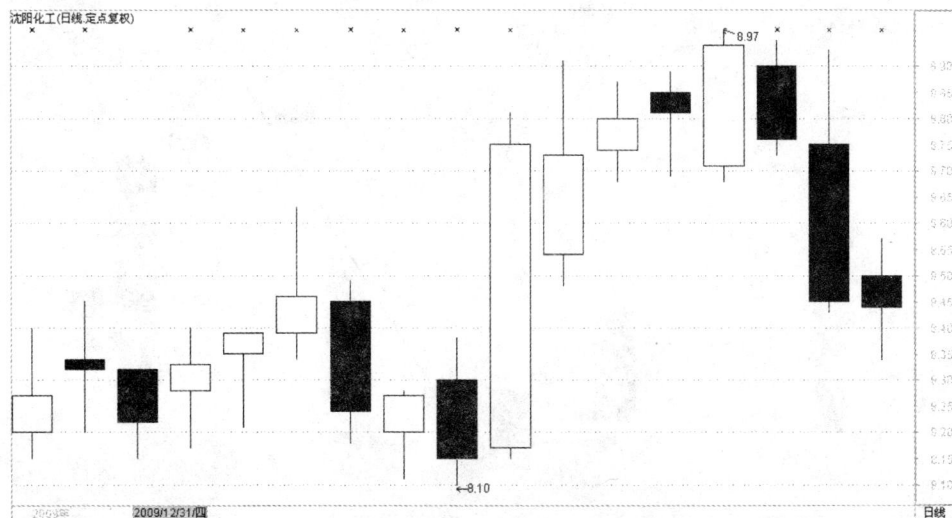

图 10-8　沈阳化工三只乌鸦形态看盘

2. 解盘

在解盘环节，我们将对沈阳化工进行深入的剖析，如图 10-9 所示，最近三个交易日中沈阳化工的 K 线都是阴线，而且第二日的收盘价低于第一日收盘价，而第三日收盘价低于第二日收盘价。更为重要的是此前股价经历了较为充分的上涨活动，经过分析，我们认为沈阳化工最近走势是符合三只乌鸦形态特征的，于是我们将它放入到最终操作的股票篮子中。

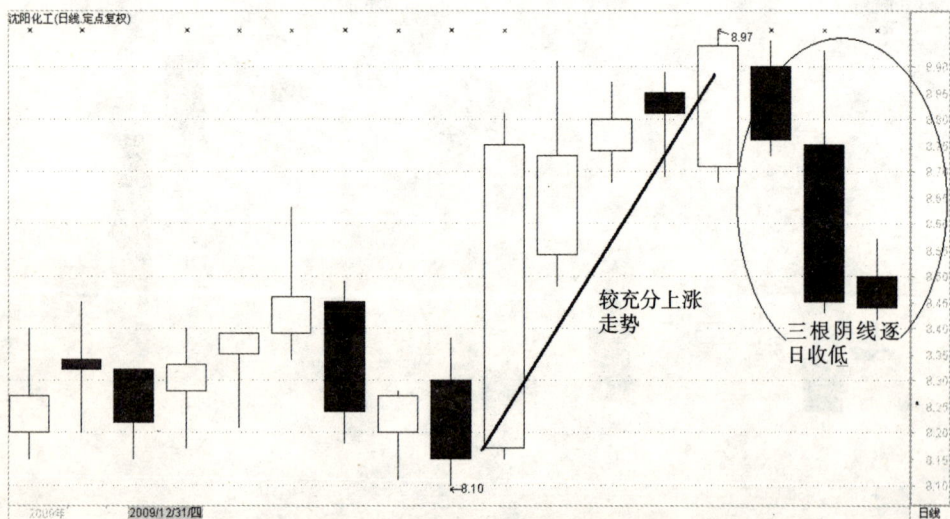

图 10-9　沈阳化工三只乌鸦形态解盘

3. 操盘

在沈阳化工形成三只乌鸦之后，我们在次日开盘的时候融券做空这只股票，将止损点设定在三只乌鸦最高价之上。进场之后，股价一路暴跌，一直跌到7.04 元才拉出锤头，于是在次日开盘我们回补一半的空头仓位。接着，股价开盘跳空，超出临近两日的最高价，于是我们回补剩下的一半仓位。

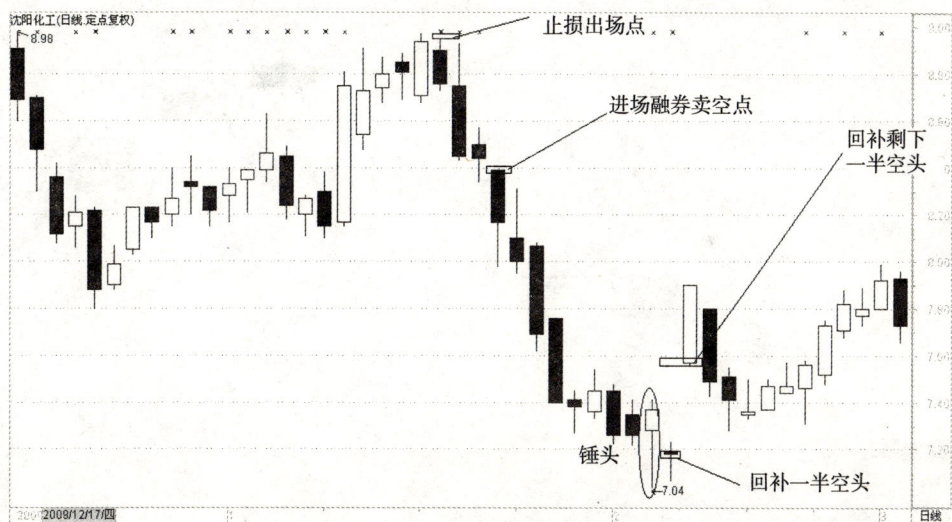

图 10-10 沈阳化工三只乌鸦形态操盘

第五节　三只乌鸦形态实例四

我们再来看三只乌鸦的最后一个实例，这是在三步法框架下对韶钢松山进行操作的例子，这个实例中的三只乌鸦是比较标准的 K 线组合，大家注意一下其中的进出场操作，这点比行情涨跌判断更为重要。

1. 看盘

盘后例行选股过程中，我们依次翻动个股的日线走势图，从中发现了韶钢松山这只股票，它的最近走势呈现出三只乌鸦的 K 线组合形态，于是我们将这只股票放入到股票池中以便进行进一步地筛选。

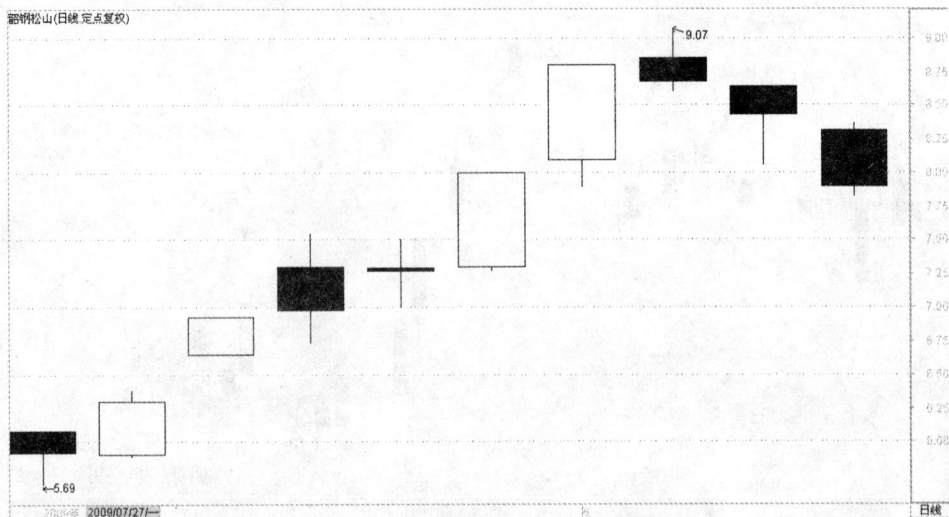

图 10-11　韶钢松山三只乌鸦形态看盘

2. 解盘

接下来，我们来看韶钢松山最近走势的具体情况，如图 10-12，最近三个交易日该股都处于下跌状态，而且第二根阴线的收盘价低于第一根阴线的收盘价，第三根阴线的收盘价低于第二根阴线的收盘价，而在这三根阴线之前该股一直处于上涨状态，从 5.69 元开始上涨。总体而言，韶钢松山这只股票非常符合三只乌鸦的解剖要求，于是我们将它放入到最终操作名单当中。

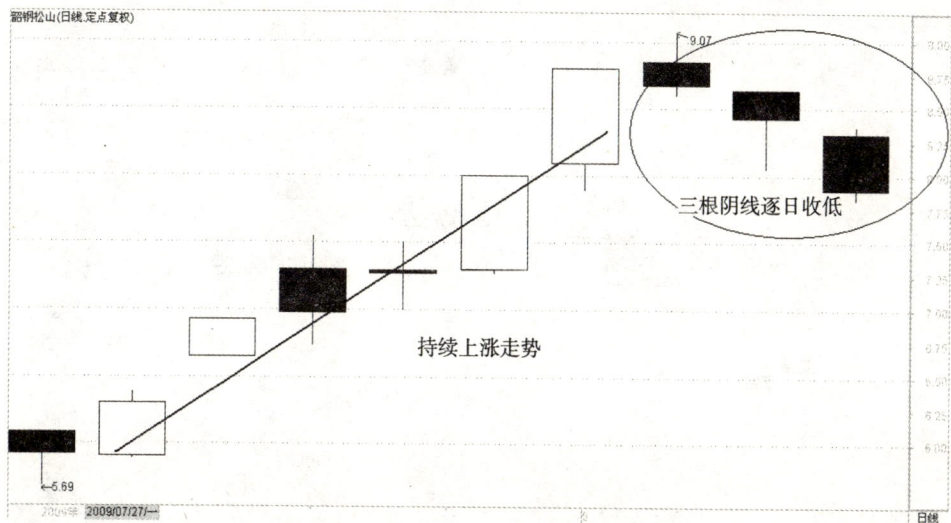

图 10-12　韶钢松山三只乌鸦形态解盘

3. 操盘

将韶钢股份放入到最终操作名单中，我们就需要对进场和出场进行规划，如图 10-13 所示。三只乌鸦出现次日开盘我们融券卖空，并将止损出场点放置在三只乌鸦最高点 9.07 元附近，此后，股价开始下跌，一日之后出现了不标准的早晨之星，于是我们回补一半的空头，不久股价反弹突破临近两日的最高点，于是回补剩下的一半空头。

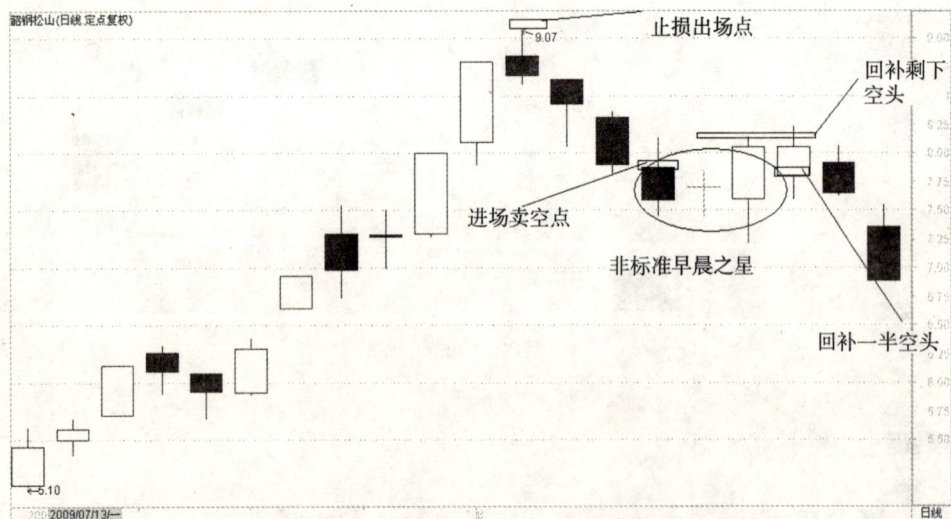

图 10-13　韶钢松山三只乌鸦形态操盘

星期六
大阳线 大阴线

第十一章 高效组合 11——大阳线

令 大阳线是一种最简单的 K 线经典形态，你很容易就能识别出它，正因为这样，绝大多数股民都比较忽视这一形态，不过简单并不意味着低效，相反大阳线无论出现在下跌走势之后，还是出现在上涨走势初段和中段，都是非常强的看涨信号，这点是我们需要牢记在心的。在本章，我们将围绕大阳线这一经典高效 K 线形态展开，首先介绍大阳线的形态解剖特征，然后会以四个实例充分演示三步法框架下利用大阳线选股的过程。

第一节 大阳线形态解剖

大阳线出现之前股价必须是下跌的，跌得越狠越好，因为我们这里介绍的大阳线是针对起涨点的，所以就不对持续走势中的大阳线展开介绍。大阳线一般是相对最近走势中的阳线实体大小而言的，请看图 11-1，这是上证指数的日线走势图，股指经历了一段长时间的下跌，一直跌到图中可以看到的 4195.75 附近，然后跳空高开拉出了一根大阳线，为什么这根 K 线是大阳线呢？因为它的实体部分显著大于此前的阳线。而且这根 K 线还有一个十分显著的特征，那就是这根阳线没有上影线，也没有下影线，在传统的 K 线理论中，如果一根阳线没有上影线，则表明空头力量极端衰弱，从而也从一个侧面表明了多头力量极端强大。当然，没有上影线并不是大阳线的必要条件，但是上影线越短越好，这表明多头力量相对而言更加强大。

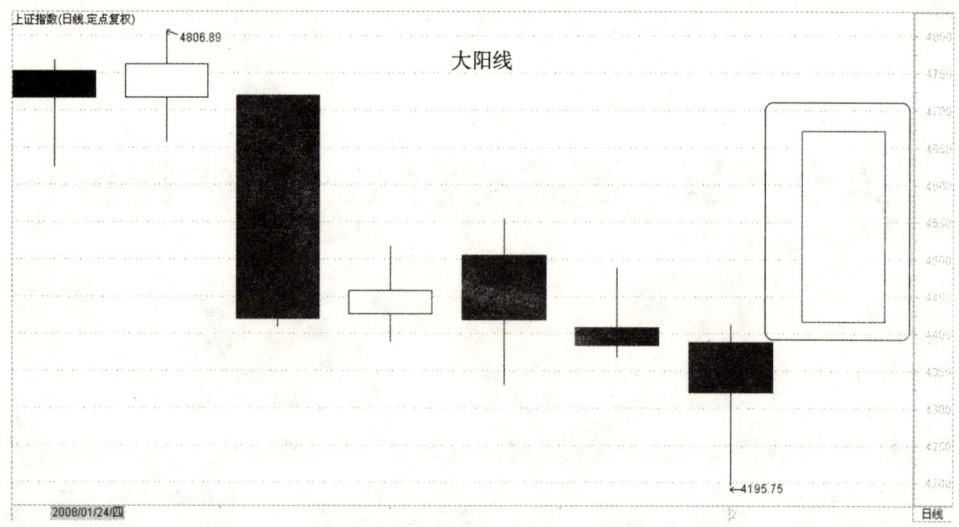

图 11-1　上证指数大阳线形态解剖

第二节　大阳线形态实例一

下面我们来看一些具体的操作实例，看看在三步法框架下如何利用大阳线捕捉股价的起涨点，第一个实例是银河动力。

1. 看盘

在盘后例行选股过程中，我们发现了银河动力这只股票，它最近一个交易日的 K 线形态似乎是大阳线，也就是说这一走势可能为我们在长期下跌之后的做多提供非常难得的机会，如图 11–2 所示，于是我们将这一股票放入到股票池中以备进行进一步地选择。

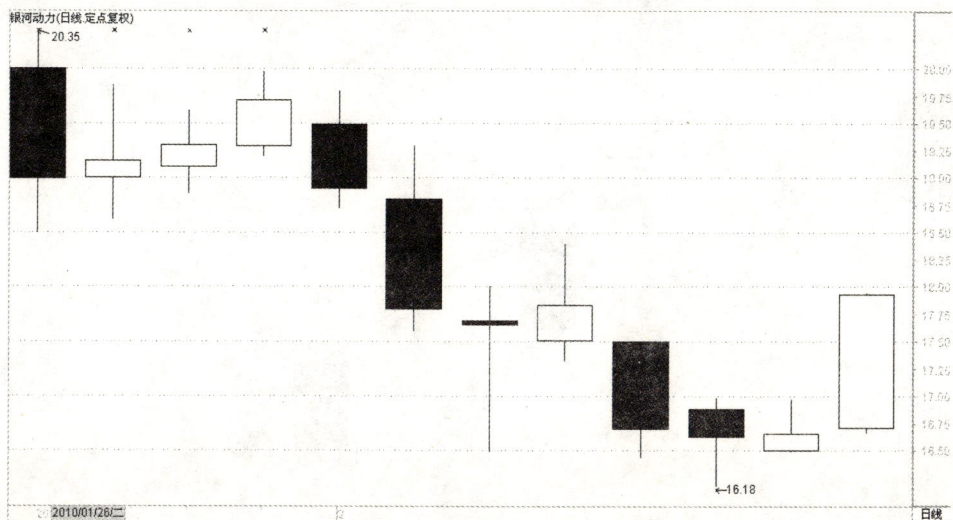

图 11–2 银河动力大阳线形态看盘

2. 解盘

在解盘环节，我们对银河动力作进一步的分析，如图 11-3 所示，该股从20.35 元附近开始下跌，中间虽然有微幅反弹，但是整体走势向下，跌到 16.18元附近出现了一个交易日的整理走势，然后拉出了大阳线。也就是说当大阳线出现之前，该股经历了显著的下跌，同时最近一个交易日的阳线也是没有上影线的，由此可见多头力量有多么强大。深入的分析可以发现银河动力近期的走势提供了一个非常好的进场买入机会，于是我们准备分配部分资金用于操作这只股票。

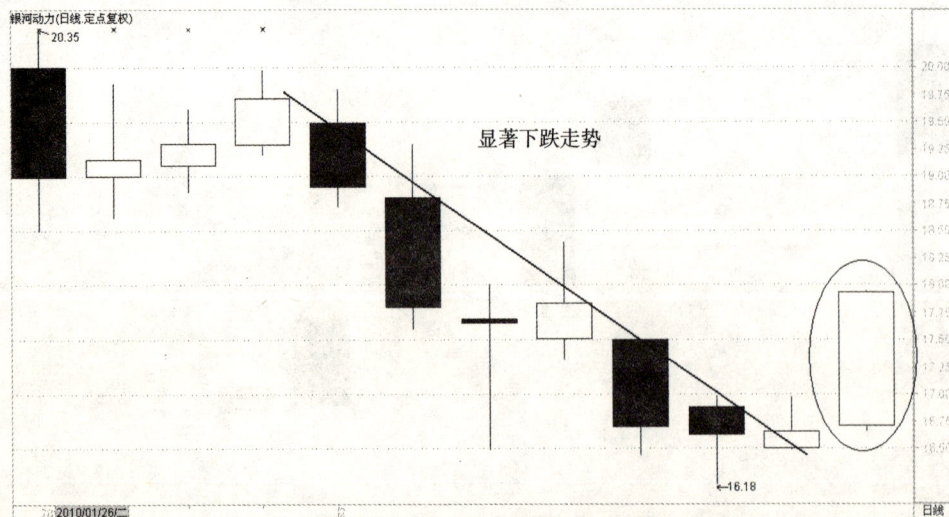

图 11-3　银河动力大阳线形态解盘

3. 操盘

银河动力被放入到最终操作的股票池中，于是我们准备对这只股票进行实际操作，请看图11-4。我们在大阳线确认次日开盘买入这只股票，采用的仓位相对较重，进场之后将止损出场点放置在大阳线最低价附近。此后，该股连续拉升，股价在连续上涨几日之后出现了上涨势头减缓的特征，同时跌破了最近两日的最低点，于是我们卖出一半的仓位。了结一半仓位之后，股价在次日再度跌破两日的最低价（同时前日形成看跌吞没），于是我们卖出剩下的一半仓位。

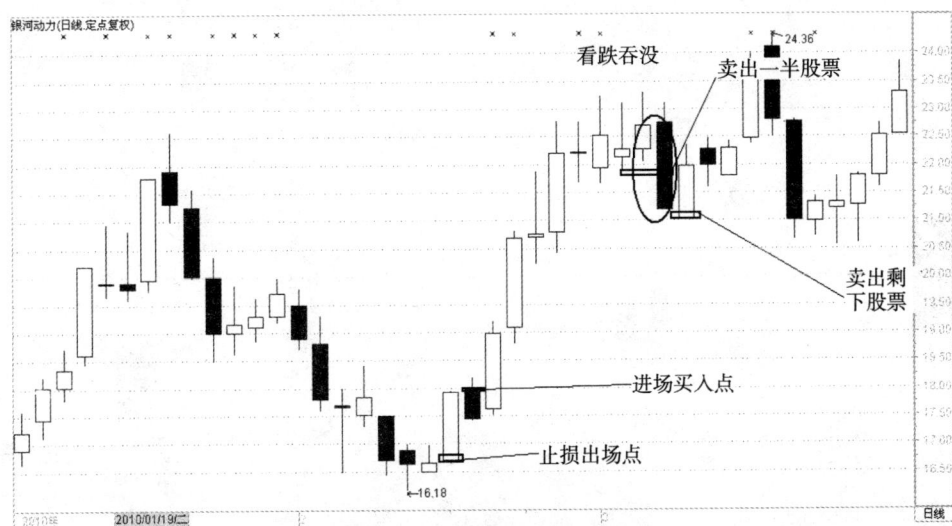

图 11-4　银河动力大阳线形态操盘

第三节　大阳线形态实例二

太阳线不一定没有影线，在本小节我们将介绍一个有上下影线的大阳线实例，这就是旭飞投资，如图 11-5 所示。大阳线的定义存在较大的延伸空间，因此是否出现了大阳线的判断存在一定的主观性，这也是大家在具体操作中需要注意的一点。一般而言，阳线实体越大越好，影线越短越好，最理想的状况是阳线实体是半年当中最大的，而且没有上影线。

1. 看盘

由于当天的看盘初选并没有找到多少理想的经典 K 线组合，于是我们将不那么理想的旭飞投资放入到股票池中以便进一步地筛选，如图 11-5 所示。旭飞投资最近一个交易日是一根阳线，实体并不是最大，而且存在下影线，但是与之前下跌过程中的阴线相比，实体显得更大一些，于是我们将这只股票放入到股票池中。

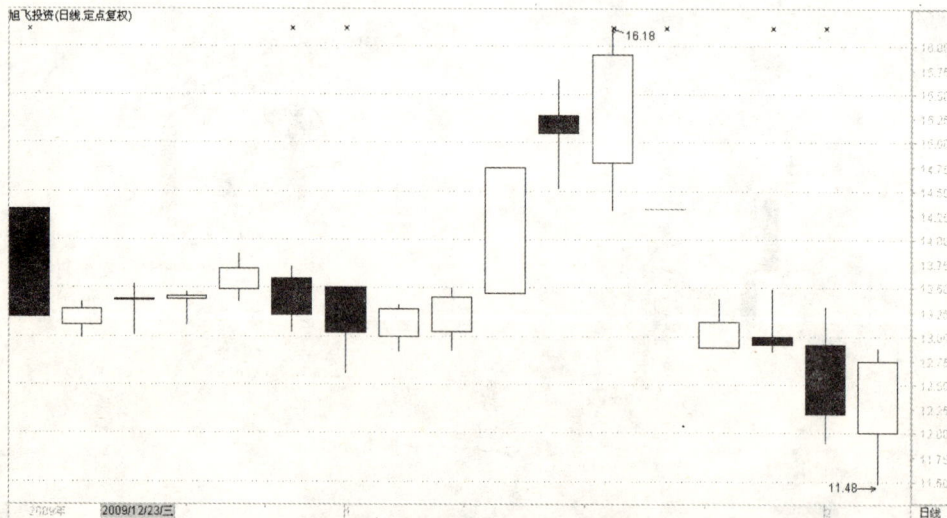

图 11-5　旭飞投资大阳线形态看盘

2. 解盘

将旭飞投资放入到股票池之后，我们还要进行一次复选，请看图11-6。最近一个交易日该股收出了阳线，在此根阳线出现之前股价有一段跳空下跌的走势。但是，旭飞投资最近这根阳线却与我们要求的大阳线相去甚远，最为主要的原因是这根阳线无论是与最近的阳线还是阴线相比，实体部分都不太大。在解盘这个环节中，我们否定掉了旭飞投资这只股票，因为它不符合大阳线的特征要求，操作起来可能胜算率并不高，即使成功，利润空间可能也不太大。如果一定要操作的话，必须是轻仓，越轻越好。

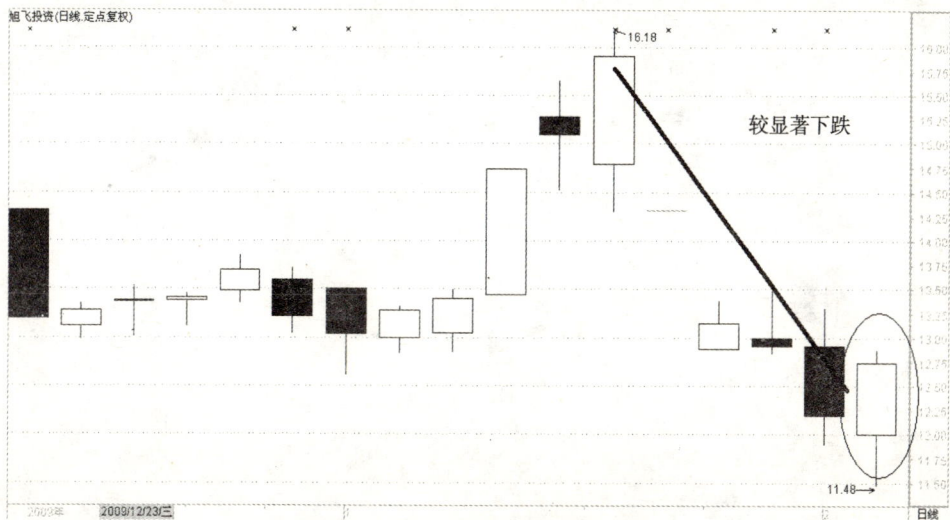

图 11-6　旭飞投资大阳线形态解盘

3. 操盘

最终，我们没有操作旭飞投资，那么此股此后的走势怎么样呢？请看图 11-7，股价从这根阳线之后开始拉升，中间一度横盘几日，然后再度拉升，最终回落，开始长时间地整理。如果介入这只股票的话，还是有一定的获利空间，不过这不符合我们的买卖规则。按照买卖规则去操作时亏少赚多，违背买卖规则去操作时亏多赚少，这点是大家需要明白的一个道理。

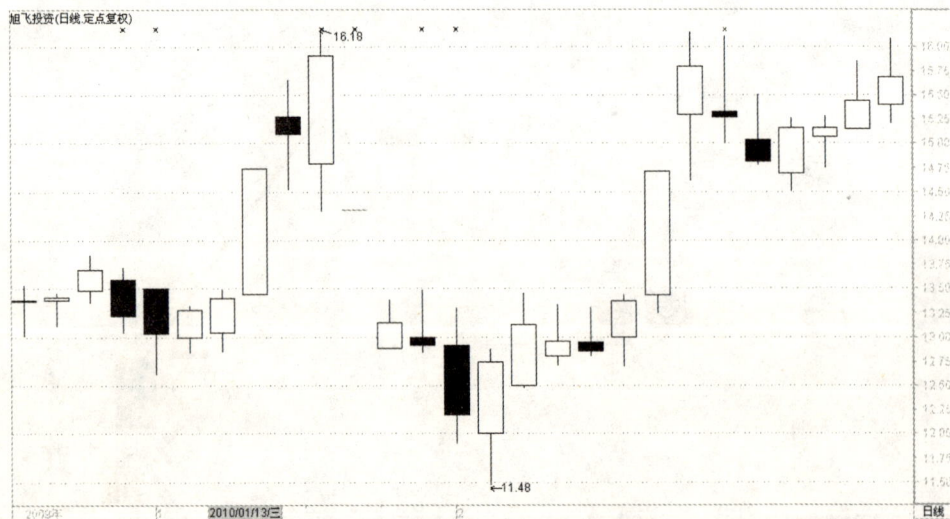

图 11-7　旭飞投资大阳线形态操盘

第四节　大阳线形态实例三

我们再来看第三个三步法框架下运用大阳线的实例，这是陕国投 A 的例子，请看图 11-8。你发现这只股票最近走势与旭飞投资近期走势之间的差别了吗？当然，如果你实在找不出两者之间的差别，那么可以从下面的分析中找到答案。

1. 看盘

在盘后的例行选股过程中，我们发现了陕国投 A 这只股票，如图 11-8 所示。这只股票可能存在着大阳线这种经典的 K 线组合，如果真的确认了陕国投 A 存在这种形态，那就是一个极佳的进场买入机会，于是我们将这只股票放入到了有待进一步考察的股票池中。

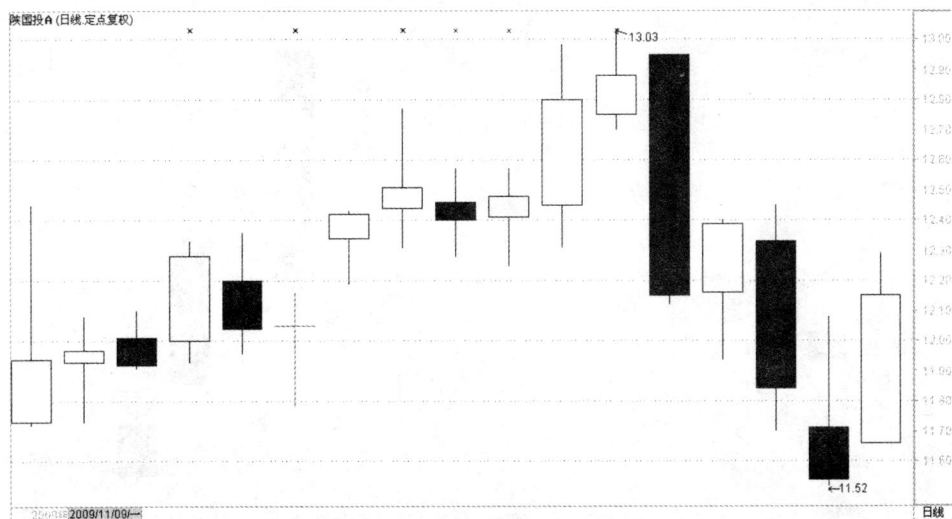

图 11-8　陕国投 A 大阳线形态看盘

2. 解盘

现在我们对陕国投 A 的近期走势进行更加周全和深入的分析，请看图 11-9。股价从 13.03 元高位下跌，高位下跌是以看跌吞没开始的，也可以说是以大阴线开始的，连续几日下跌之后，出现了近期来最大的阳线，将股价从最低价 11.52 元处拉升起来。这根大阳线不完美的地方是存在上影线，这表明空头还是具有一定的反扑能力的。不过，这根阳线的实体非常大，以致可以忽略存在上影线这一瑕疵，于是我们将这只股票放入到最终操作名单中，以正常仓位买入它。

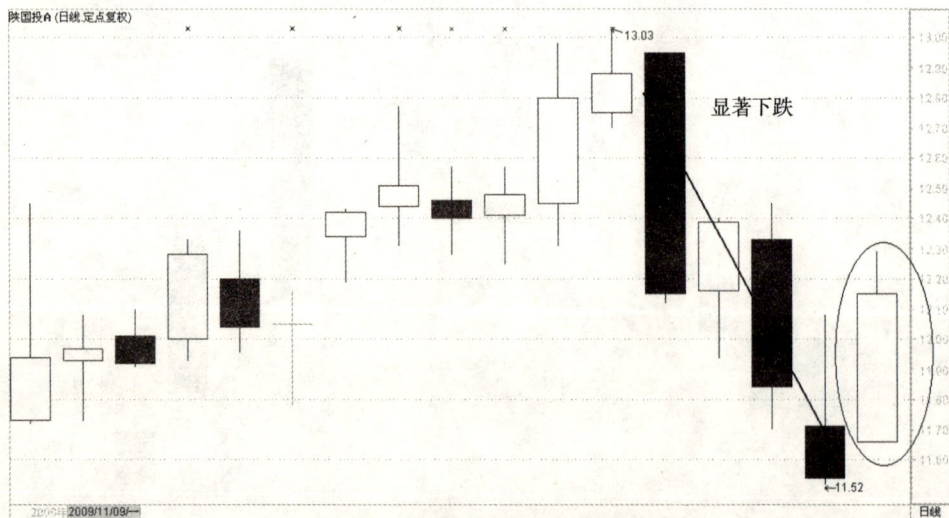

图 11-9　陕国投 A 大阳线形态解盘

3. 操盘

下面我们要对陕国投 A 进行操作，计划以正常仓位买入这只股票，请看图 11–10，我们在确认大阳线之后的次日开盘时买入该股，同时将止损出场点放置在大阳线最低点附近。买入之后，该股大幅拉升，连续数日拉出阳线。拉升到 13.65 元附近后，第二次收出阴线，与前一日的大阳线构成了看跌母子，由于此前没有调整过，因此这可能是调整的开始，于是我们卖出一半的仓位。经过两日之后，股价跌破临近两日的最低点，于是我们再卖出剩下的一半仓位。

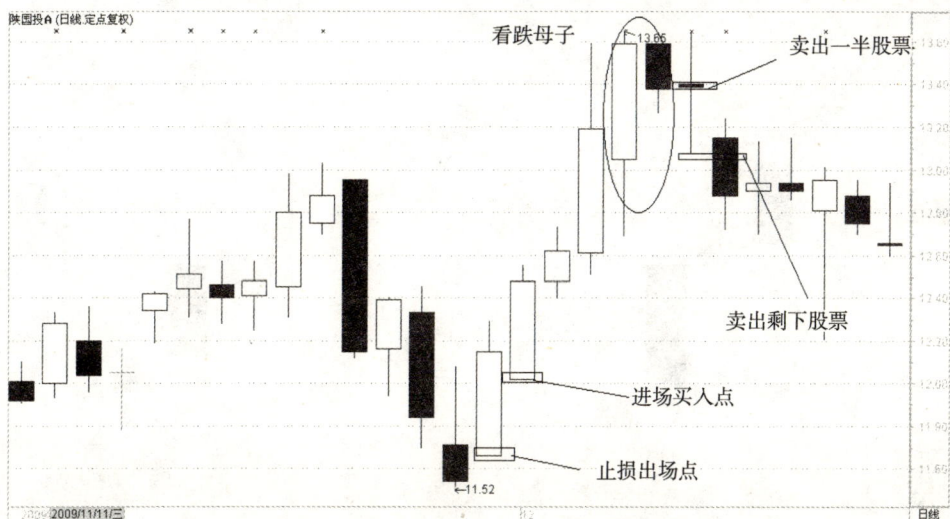

图 11–10 陕国投 A 大阳线形态操盘

第五节 大阳线形态实例四

我们来看最后一个大阳线提供买入机会的实例，这是中福实业的例子，如图 11-11 所示，这根大阳线并不是正宗的大阳线，因为还有与它差不多大小的阳线，不过比起来还是较大的阳线了。

1. 看盘

通过盘后的大规模初选，我们发现了中福实业这只股票，如图 11-11 所示，我们注意到它最近有一小波下跌走势，跌到前期低点附近后出现了实体部分较大的阳线，这比较像经典 K 线大阳线，于是我们将这只股票放入到股票池中以便接受进一步地筛选。

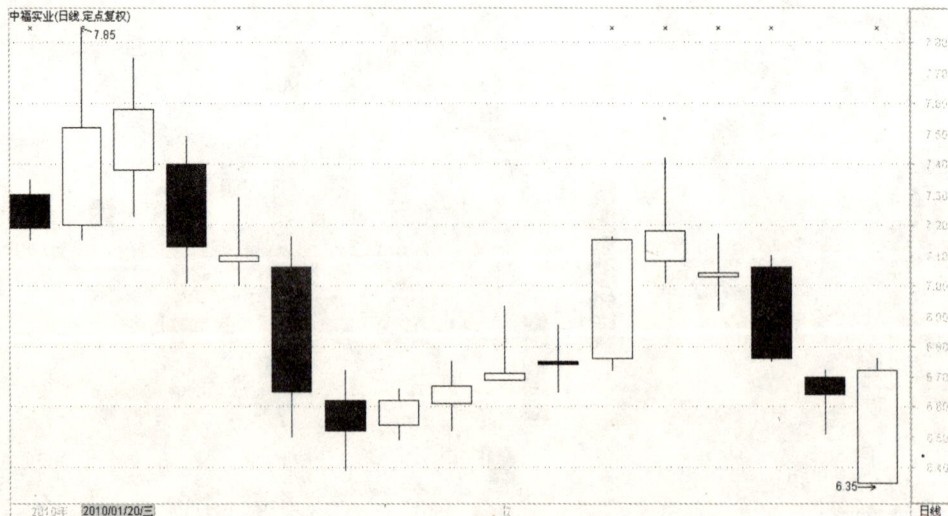

图 11-11 中福实业大阳线形态看盘

2. 解盘

在本环节中，我们将对中福实业进行全面深入的剖析，以便确认它最近的走势与经典 K 线大阳线组合是否相符，请看图 11-12。中福实业最近一个交易日拉出光脚大阳线，虽然存在上影线但是上影线非常短。在近期走势中，这根阳 K 线不算是最大的，但是可以算得上实体第二大的，而且该线出现之前股价出现了一定幅度的下跌，放远一点看，该股一个多月内都处于下跌状态。综合这些因素来看，我们决定对这只股票进行操作。

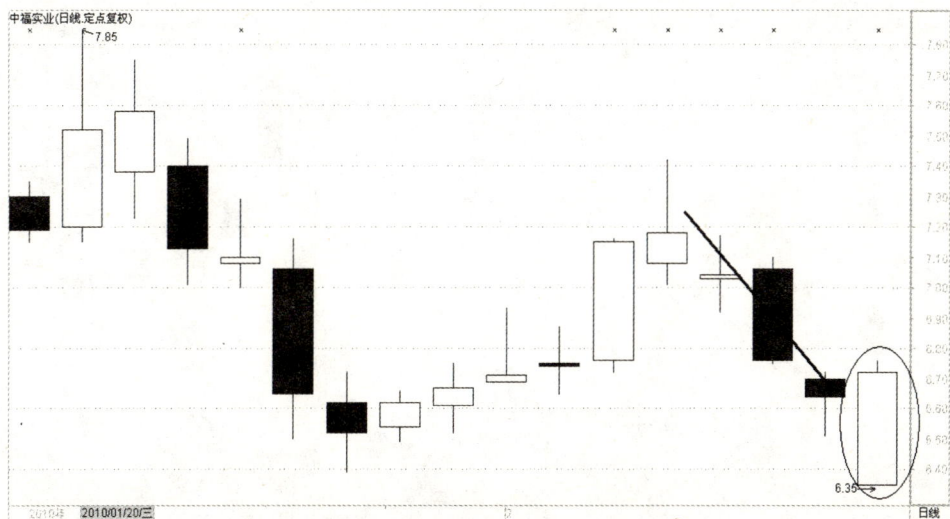

图 11-12　中福实业大阳线形态解盘

3. 操盘

请看图 11-13，我们在确认了中福实业大阳线存在的次日进场买入该股，并将止损出场点设定在该大阳线的最低点附近。进场之后不久，经过两日窄幅盘整，股价连续拉出了两根更大的阳线，然后跳空拉出一根大阴线，于是我们卖出一半的仓位；此后股价继续下跌，在跌破临近两日最低点的时候，我们卖出了该股剩下的头寸。关于大阳线还要补充的一点是，如果大阳线对应着缩量之后的首次显著放量，那么这样的大阳线更能作为起涨点信号，当然这涉及了价量分析的领域。

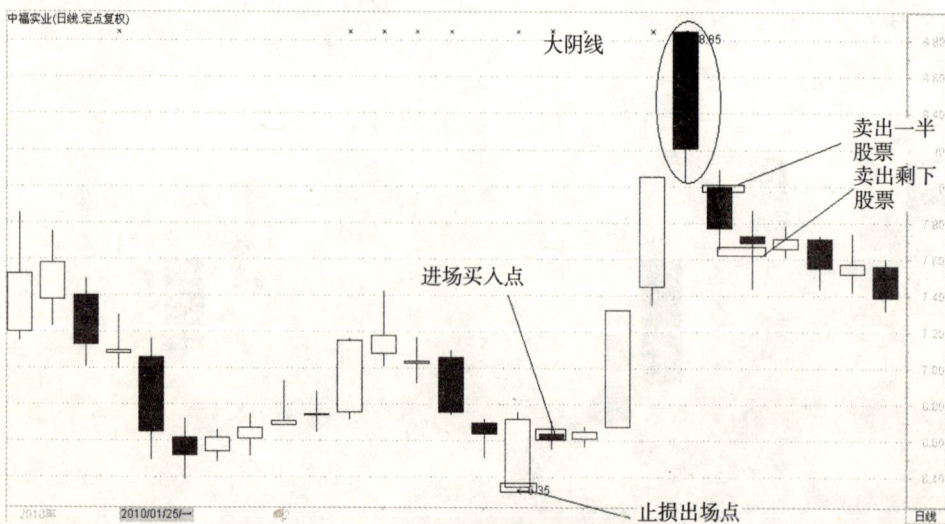

图 11-13　中福实业大阳线形态操盘

第十二章 高效组合 12——大阴线

大阴线与大阳线相对，股价在充分上涨之后出现了大阴线往往都是不好的兆头，多头这时候应该快速卖出大部分的仓位。大阴线之后，个股和指数往往都会进入阶段性的下跌，当然这不是绝对的。大阴线如果对应着成交量的峰值则是不妙的表现，因为这样的大阴线往往更加可靠。

第一节 大阴线形态解剖

大阴线的第一个要求就是实体大，影线最好没有，实体大的标准一般是与最近一段走势中的阴线和阳线比较，除此之外还要求大阴线出现之前的个股或者是指数一直处于上涨走势之中。我们结合上证指数的走势实例来解剖大阴线形态，请看图 12-1，指数一路从 998 点上涨到 6124 点，然后出现了一根整理小阴线，紧接着出现了一根实体非常大的阴线，这就是下跌标志的开始，当然更严格地讲这是一个信号，而不是一个确定的界碑。大阴线有三个要求：第一个是之前股价或者指数处于上涨之中；第二个是大阴线当日实体部分越大越好；第三个是大阴线当日影线部分越短越好。

下面，我们将结合具体的实例来介绍如何运用大阴线把握融券做空机会，或者是运用大阴线了结或者减轻做多仓位。当你掌握了价量协同的分析方法之后，最好能够将大阴线的出现与成交量的高点结合起来考察。

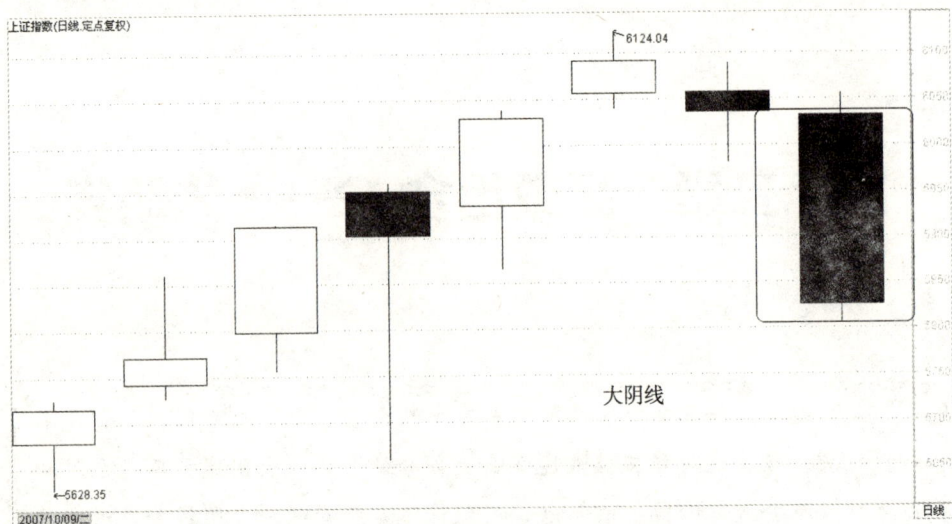

图 12-1 上证指数大阴线形态解剖

第二节 大阴线形态实例一

大阴线出现的时候会引起当日参与交易者的恐慌，但是不足以引起交易者对此后极可能发生的下跌行情的警觉。我们来看第一个在三步法框架下利用大阴线进行操作的实例，这是金融街的例子。

1. 看盘

在超过两个月的时间中，金融街呈现出逐步上涨的过程，其中第一个阶段的上涨速率比较快，而第二个阶段的上涨显得要缓慢得多。在我们浏览个股走势的时候，发现了金融街最近交易日出现了的阴线是最近两个月最大的，于是我们将它放入到了股票池中以便接受进一步地筛选，如图 12-2 所示。

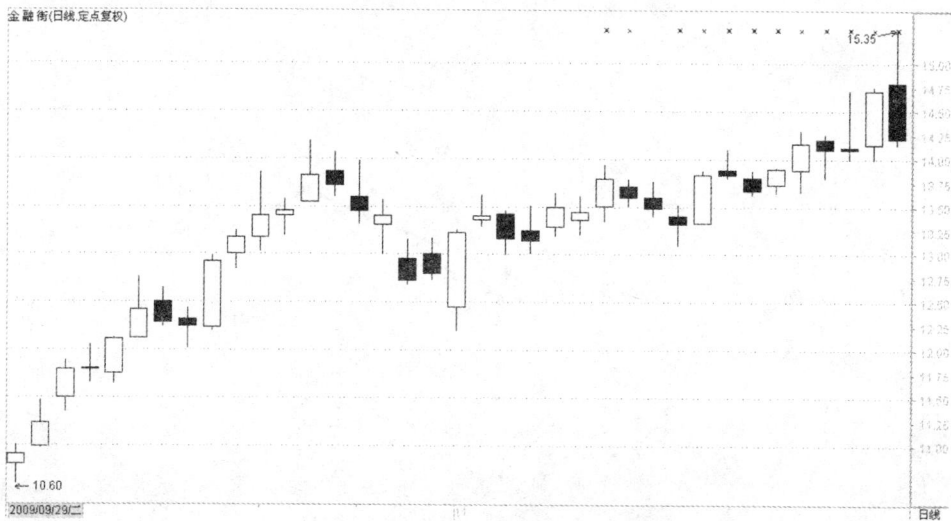

图 12-2 金融街大阴线形态看盘

2. 解盘

在结束了对所有股票的筛选之后，我们对金融街进行更深入的分析，请看图 12-3。金融街在慢牛式的上涨之后出现了一日的大阳线拉升，第二日马上冲高回落，形成一根大阴线，这根大阴线的上影线很长，代表多头被空头压制住了，总体来看，金融街最近的走势提供了一次较好的融券做空的机会。当然，如果你在之前买入了金融街，那么这个大阴线出现之后，也是你很好的卖出机会。

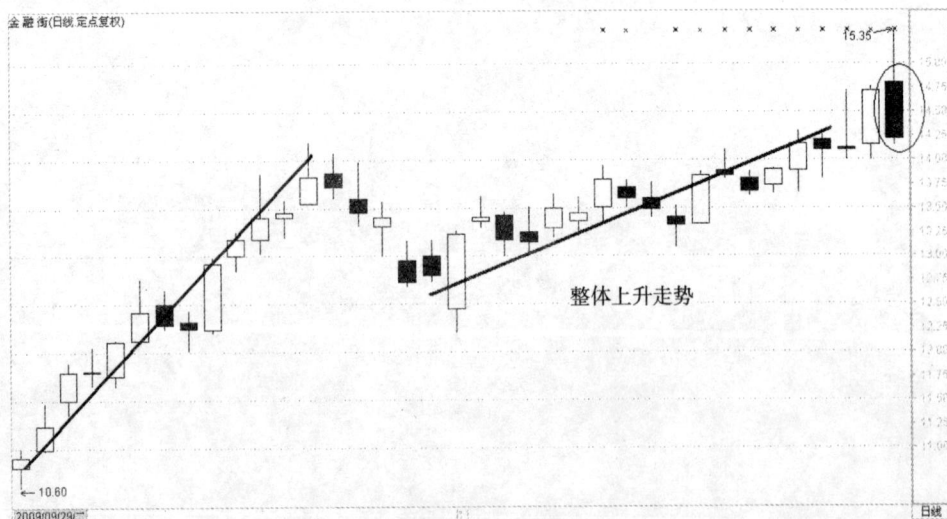

图 12-3　金融街大阴线形态解盘

3. 操盘

确认了金融街的大阴线之后，我们准备进场融券卖空这只股票，请看图 12-4，我们在大阴线确认的次日开盘进场卖空这只股票。融券卖空的同时，我们将止损出场点设定在大阴线最高价附近，此后股价下跌一日之后，出现了看涨母子，于是我们回补一半空头，之后，股价继续反弹超过临近两日的高点，于是我们回补剩下的一半空头。整个交易基本没有赚到什么钱，不过这也是短线交易的现实。

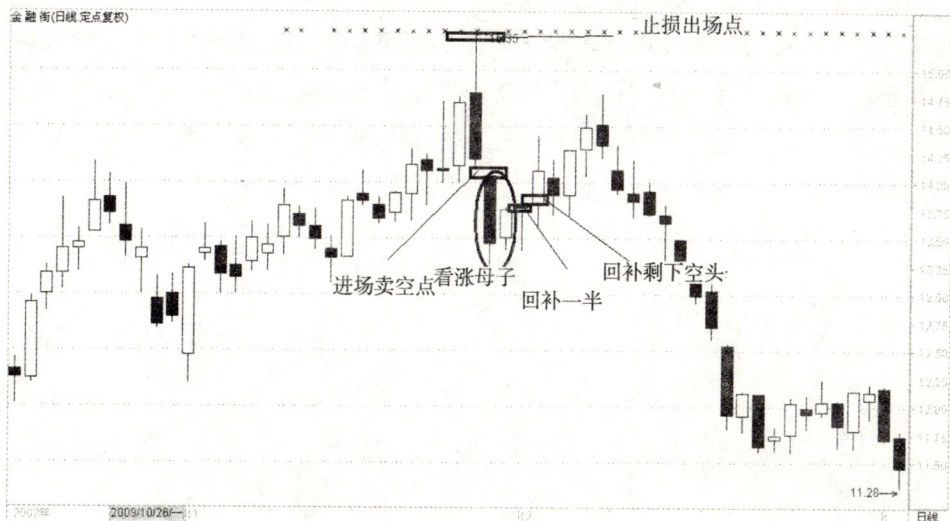

图 12-4　金融街大阴线形态操盘

第三节　大阴线形态实例二

大阴线如果出现的话，一般行情至少还会跌两天，这是一个统计规律，今后会不会完全否定这一规律现在无法确定。我们现在需要做的就是把握好现在的行情，当下是我们能够把握的，过去的已经过去了，不能改变，只能总结，未来的还未来到，要靠现在来塑造，所以买卖股票就要把持一个良好地活在当下的心，这点是非常重要的。下面我们再来看第二个利用大阴线进行个股操作的实例，这是华意压缩的例子，在这个例子中，股票在一段明显的上涨之后，出现了一根硕大的阴线，下面我们就来看具体的解释吧。

1. 看盘

盘后选股是我们进行短线操作时候的一个必要功课，为什么选在盘后进行股票选择呢？盘后选股不容易受到市场喧嚣的影响，因此可以获得一个冷静的心态和一个理性的头脑，另外盘后选股可以给予炒家充裕的时间来做最广泛的筛选，这点是盘中选股所不能达到的效果。盘中选股往往是打无准备之仗，盘中价格上上下下，人声鼎沸，各种消息层出不穷，分析师众说纷纭，铺天盖地而来的信息使炒家应接不暇，匆忙之间做出的决策往往是首尾不能顾。现在转入到正题，我们在盘后的例行选股过程中发现了华意压缩这只股票，如图 12-5 所示。这只股票最近一个交易日出现了一根实体较大的阴线，可能是经典的 K 线组合，于是我们将这只股票放入到股票池中作进一步的分析。

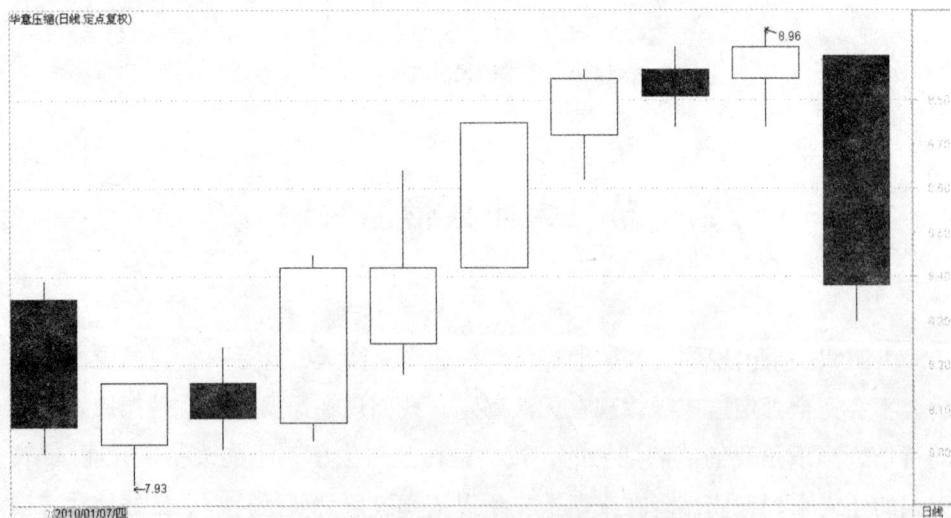

图 12-5　华意压缩大阴线形态看盘

2. 解盘

在完成对所有股票的浏览之后，我们对初选通过的股票进行复选，包括华意压缩，如图 12-6 所示。华意压缩这只股票从 7.93 元附近开始发动一波显著的上涨走势，然后出现了高位整理的小 K 线，最近一个交易日出现了没有上影线的大实体 K 线，没有上影线表明多方毫无还手之力，虽然存在下影线，但是下影线并不长，从这点出发我们可以发现空方力量是比较强劲的。综合考虑整个走势中体现的多空力量对比转化，以及最近走势与大阴线特征的符合程度，我们决定对华意压缩进行操作。

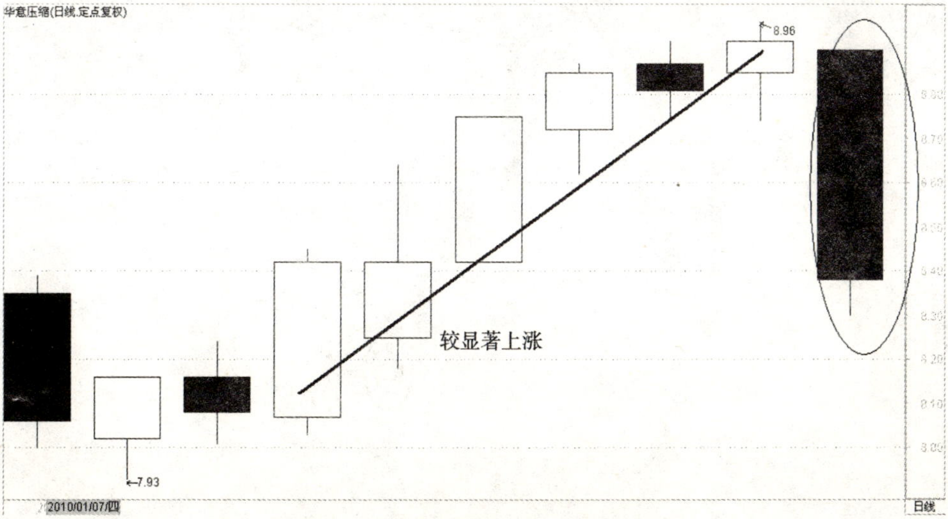

华意压缩(日线 定点复权)

较显著上涨

←7.93

2010/01/07/四

日线

图 12-6　华意压缩大阴线形态解盘

173

3. 操盘

我们决定对华意压缩进行操作，请看图 12-7 所示。股价收出大阴线并得到了我们的确认，于是决定进场融券卖空，卖空点选择在确认次日开盘时，止损出场点设定在大阴线最高价附近。不久之后股价大幅下跌，一直跌落好几日才开始横盘整理，整理中出现了看涨母子，于是我们在第二日开盘时回补一半的空仓。盘中反弹突破了邻近两日的最高点，于是我们回补剩下一半的空仓。

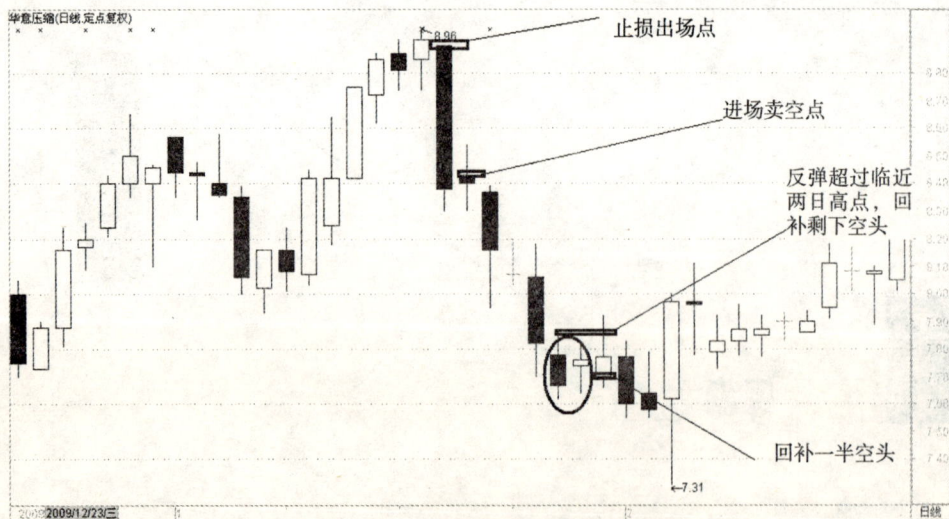

图 12-7　华意压缩大阴线形态操盘

第四节 大阴线形态实例三

下面接着看第三个利用大阴线进行操作的实例，请看图 12-8，这是民生投资的例子，股价跌跌撞撞地上涨了一段，然后出现了大阴线，与前面两日 K 线组成了不标准的黄昏之星形态。一般而言，黄昏之星最后一根 K 线往往都是大阴线，当然也有中阴线，最好是大阴线。下面，我们来看民生投资这个例子。

1. 看盘

请看图 12-8，在盘后例行选股过程中，我们发现了民生投资这只股票，它最近一个交易日的 K 线是一个实体较大的阴线，于是我们将这只股票放入到了股票池中，以便接受进一步地筛选。

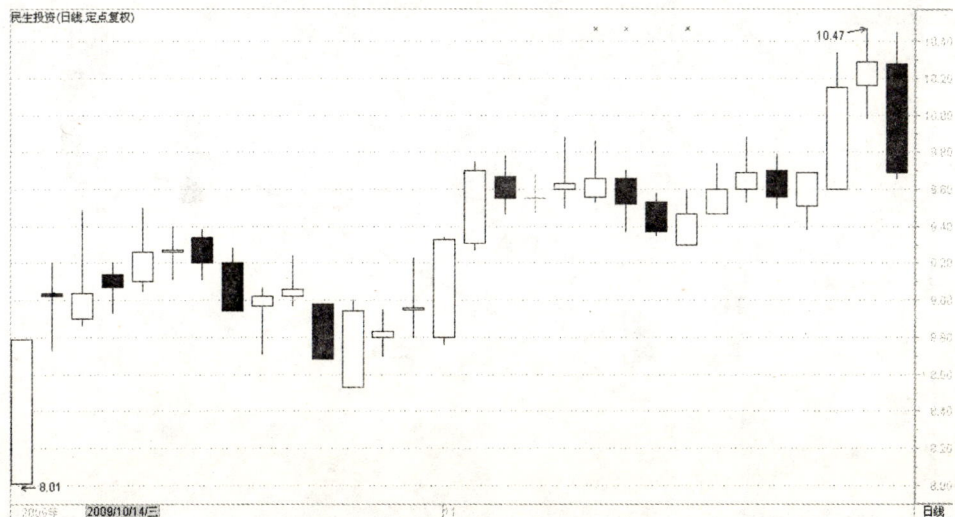

图 12-8 民生投资大阴线形态看盘

2. 解盘

民生投资通过了看盘环节的筛选，下面我们来看民生投资是否能够通过解盘环节的筛选。在完成了初选之后，我们需要进行精挑细选，如图 12-9，民生投资在出现阴 K 线之前价格一直处于盘旋上升状态，于是这就使得不少浮动筹码被洗出去，然后主力才突然间作间断性拉升。最近一个交易日是大阴线，其上影线和下影线都较短，但是下影线比上影线短，也就是说多头在下跌过程的反扑能力没有空头在反弹过程中的反击能力强。综合各方面的因素来看，民生投资最近一个交易日的阴线值得我们介入。

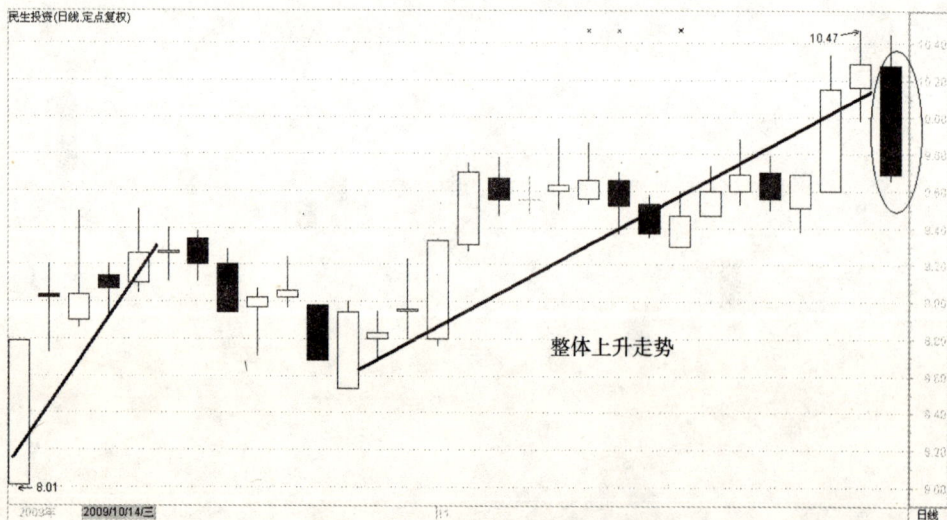

图 12-9 民生投资大阴线形态解盘

3. 操盘

一旦确认了民生投资最近一个交易日是经典 K 线形态——大阴线，我们就决定进场融券做空，请看图 12-10 所示。大阴线确认次日开盘我们进场融券做空，止损出场点放置在大阴线高点附近。进场次日股价反弹，但是很快为隔日的大阴线所吞没，于是股价继续下跌。下跌两日后，一根阳线将股价拉起，形成看涨吞没，于是我们回补一半的空头头寸。此后，股价反弹突破临近两日的最高价，于是我们回补剩下的一半空头头寸。

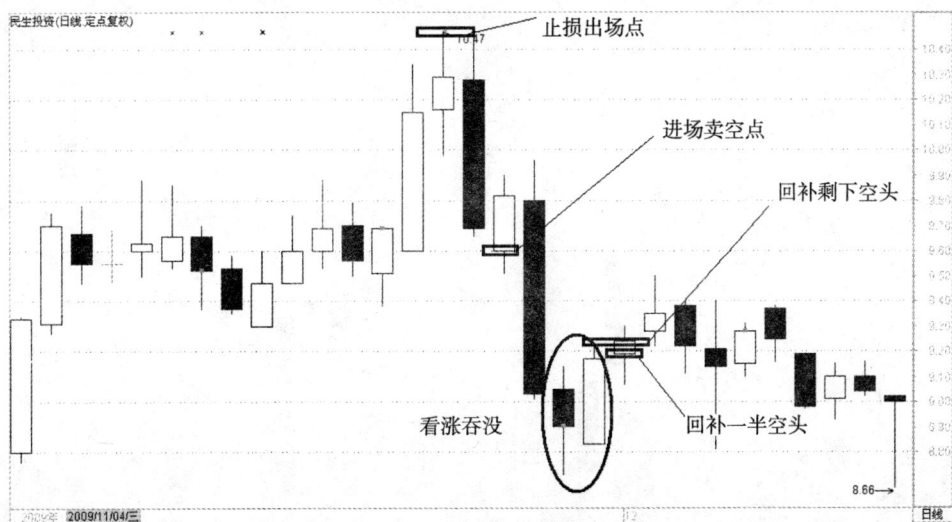

图 12-10　民生投资大阴线形态操盘

第五节　大阴线形态实例四

　　巨量见大阴往往是一波大行情的顶部，结合成交量来观察大阴线是比较好的方式，不光是大阴线需要看成交量，本书介绍的其他经典高效 K 线组合也可以参考成交量来分析，这里告诉大家一个最简单、最容易记住同时也是最有效的规律：一般而言，头部 K 线一般与成交量高点结合出现，底部 K 线一般与成交量的低点结合出现，不过也有部分底部 K 线出现在紧靠成交量低点的位置，它们一般对应着成交量的初步放量，比如大阳线等。这里介绍了一些有关价量协同分析的技巧，现在我们继续正题，来看在三步法框架下利用大阴线操作渝开发的实例。

1. 看盘

　　渝开发这个例子比较明显，我们在盘后海选中很容易就发现了这只股票今天出现了大阴线，如图 12-11 所示，于是我们将这只股票放入到了股票池中，以便接受解盘环节的分析。股票买卖其实很简单，你看了这本书之后更会有这

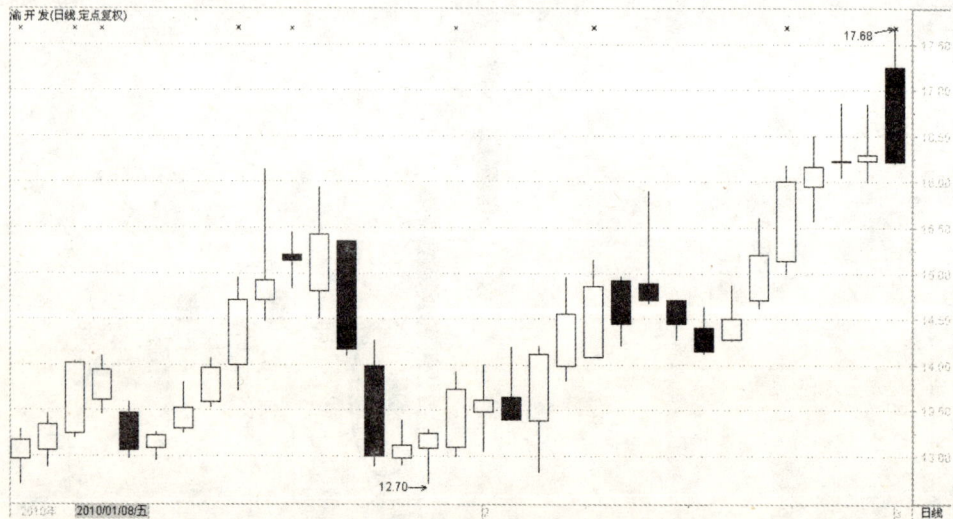

图 12-11　渝开发大阴线形态看盘

样的认识。不过，为什么本书会让你觉得炒股简单呢？那是因为我们将最有效的东西提炼出来了，至少是 K 线技术最有效的部分精练了出来，同时辅以合理的三步法，分为两步筛选，并在第三步运用最简单、最完整、最高效的进出场法控制仓位。简单高效，这就是本书的最高追求。

2. 解盘

看盘环节讲求效率，解盘环节只讲求效果，请看图 12-12 股价在最近一个交易日出现了最近一段上升走势中最大的阴线，这根阴 K 线有上影线，而且最高价也在这根 K 线上，但是这根 K 线没有下影线。上影线存在代表多头虽然力图将股价抬高，但是被空头挫败了，这表明空头更加厉害。同时，没有下影线表明当空头将股价推低的时候，多头根本没有能力阻止。从这些关键细节可以看出后市继续下跌的可能性很高，同时渝开发最近的走势比较符合经典 K线——大阴线的特征，综合这些我们决定操作这只股票。

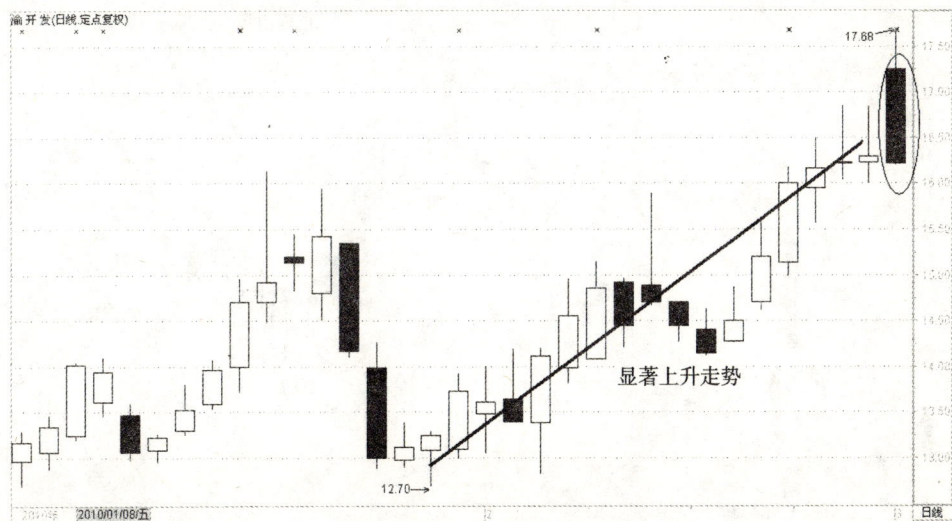

图 12-12　渝开发大阴线形态解盘

3. 操盘

我们以相对较重的仓位，在次日进场融券卖空渝开发，如图 12-13 所示，止损出场点放置在大阴线最高价附近，进场时，股价处于整理状态，然后开始下跌，跌了几日之后开始出现反弹，并形成了锤头形态，于是我们次日开盘回补一半的空头，次日股价继续反弹，超过临近两日最高点，于是我们一同回补剩下一半的空头。

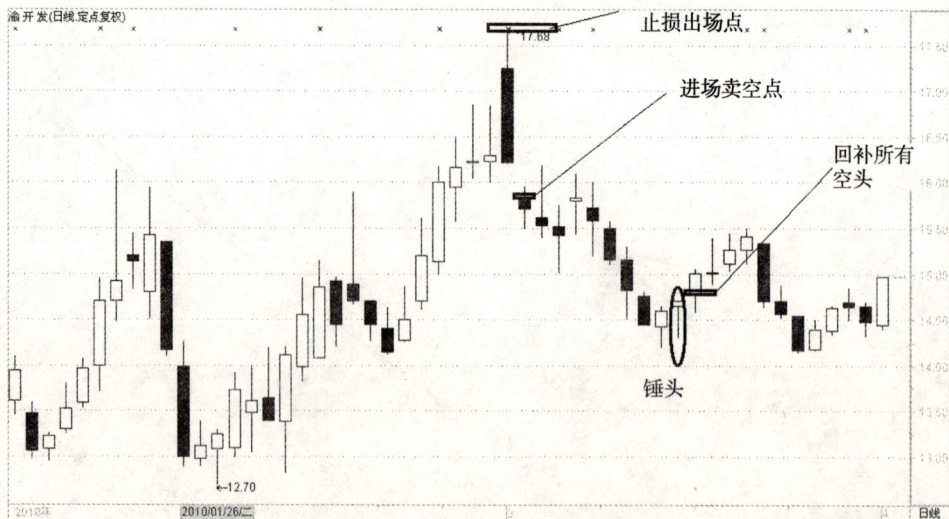

图 12-13　渝开发大阴线形态操盘

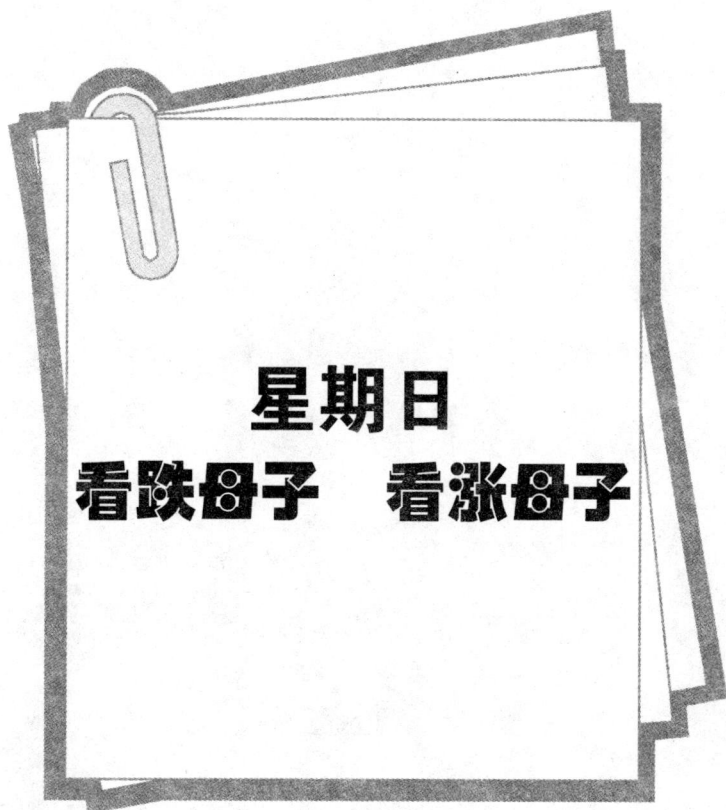

星期日
看跌母子　看涨母子

第十三章　高效组合 13——看跌母子

在今天我们要掌握的是最后两种高效组合——看跌母子和看涨母子，这两个经典 K 线组合的可靠性要低于此前我们介绍的那些，所以我们倾向于根据看跌母子和看涨母子结束已有头寸，而不是建立新的头寸。看跌母子与看跌吞没比较容易混淆，这里我们就来区分一下两者：看跌吞没是一根小阳线接着一根大阴线，而看跌母子则是一根大阳线紧接着一根小阴线。此外，看跌吞没和看跌母子一般都对应着成交量的高点，这是在进行量价协同分析的时候可以利用到的一个共同点，不少交易者可能忽视了这点，不过记住了这句话就能保证我们比其他股民取得更好的绩效。

第一节　看跌母子形态解剖

下面我们来看看跌母子的形态解剖，请看图 13-1，我们仍旧以上证指数为例来说明。看跌母子出现之前指数处于显著的上涨走势，这点是非常重要的一个解剖特征，另外看跌母子由两根 K 线组成，第一根 K 线延续此前的涨势，所以要求是一根阳线，而第二根 K 线则是一根阴线，更为重要的是第二根 K 线的实体部分应该小于第一根 K 线，这点是看跌母子最为重要的特征。严格意义上，看跌母子出现表明市场由积极做多转为犹豫不决，此后行情的发展还不一定，所以看跌母子是 14 种经典 K 线组合中效力最低的一种，对于这种形态我们最多轻仓操作。

上证指数(日线 定点复权)

看跌母子

3105.51→

2712.30→

2009/09/07／

日线

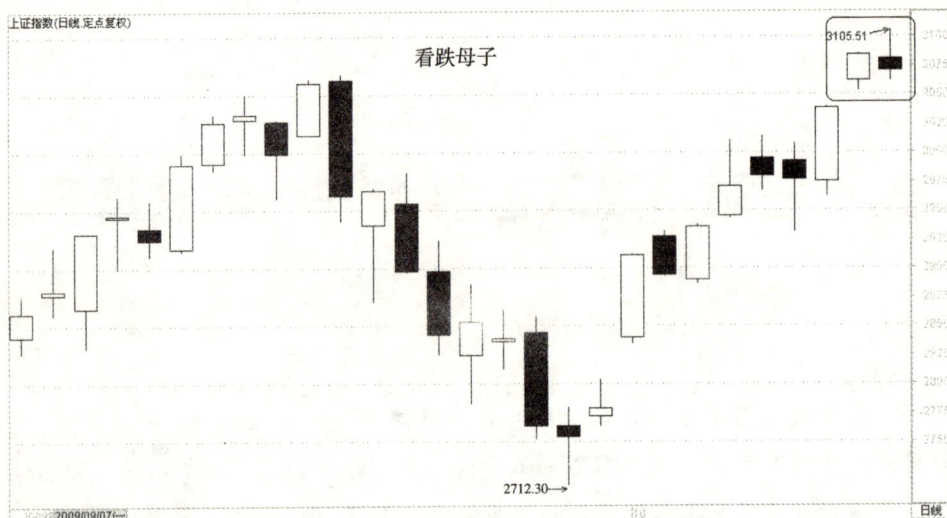

图 13-1　上证指数看跌母子形态解剖

第二节　看跌母子形态实例一

　　看跌母子形态解剖我们已经搞清楚了，下面开始结合一些具体的实例演绎三步法框架下利用看跌母子的过程。第一个实例是 *ST 国农，注意到这个例子中不仅仅存在看跌母子，而且还具有流星形态，这就使得组合的效力提高了不少，为我们的操作增加了几分胜算。

1. 看盘

在一次例行的盘后选股操作中，我们发现了 *ST 国农可能存在一个流星形态，如图 13-2 所示，于是我们将这只股票放入到股票池中以便进行进一步地选择。

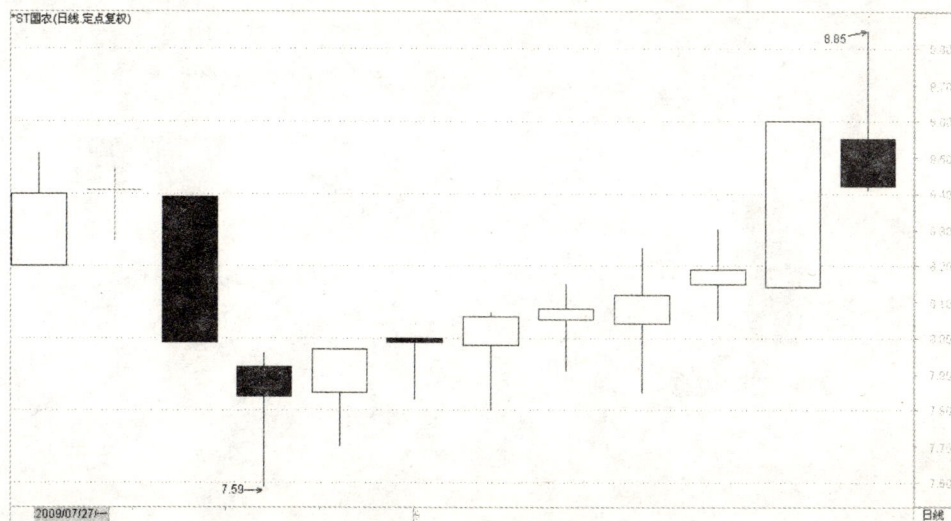

图 13-2　*ST 国农看跌母子形态看盘

2. 解盘

　　*ST 国农最近的走势不仅仅是一颗流星，而且与之前一根大阳线构成了看跌母子，如图 13-3 所示，在这两个经典 K 线出现之前，*ST 国农处于缓慢的上涨过程，现在出现了一根实体较大的阳线和一根实体较小的阴线，而且阴线的上影线很长，下影线几乎没有，综合考虑这些要素我们确认了这只股票近期走势出现了看跌母子和流星，不过由于此前上涨不太显著，所以我们只采用正常仓位进行操作。

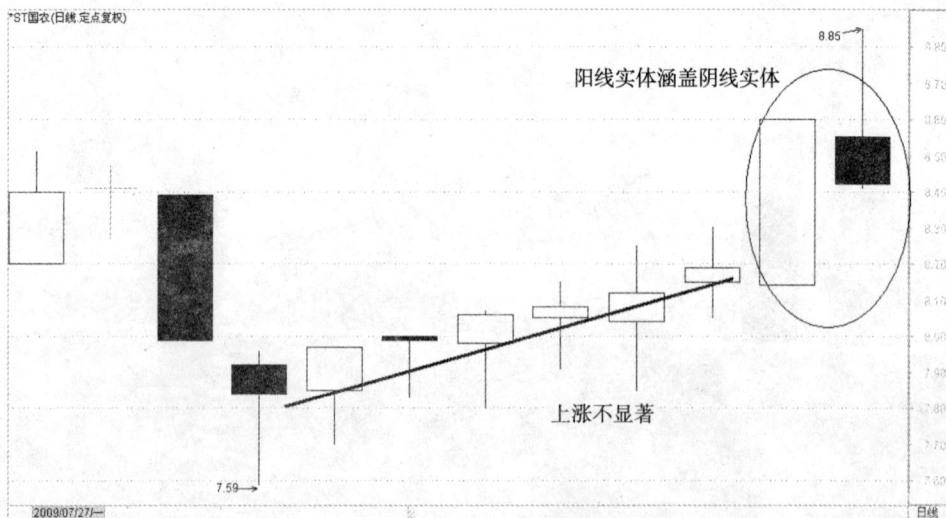

图 13-3　*ST 国农看跌母子形态解盘

3. 操盘

一旦我们决定对 *ST 国农最近的走势进行操作，那么仓位规划就是操作阶段首先要落实的任务，请看图 13-4，当看跌母子（流星）形成次日开盘，我们就融券卖空这只股票，然后将止损出场点放置在看跌母子（流星）最高价位之上。进场之后，股价一路下跌，中间没有像样的反弹，不久之后，股价出现了一个不太明显的看涨母子，由于前期下跌幅度较大，所以我们进场回补了一半的空头头寸。此后，股价继续反弹，并在两个交易日后突破了邻近两个交易日的最高价，于是我们回补剩下的一半空头。整个交易的获利还是比较丰厚的，这里利用两种盈利出场方式，这也是本书提倡和宣扬的一种出场思路。为什么要采用两种盈利出场方式来分批出场呢？这是由于市场通常具有一定程度的不确定性，而技术分析也是一个可靠性不那么高的手段，采用两种方式来分批出场，可以避免因为将鸡蛋放在同一个篮子中引发的风险。技术分析要求炒股者将鸡蛋放在不同的篮子，而基本分析则要求炒股者将鸡蛋尽量放在同一个篮子中。

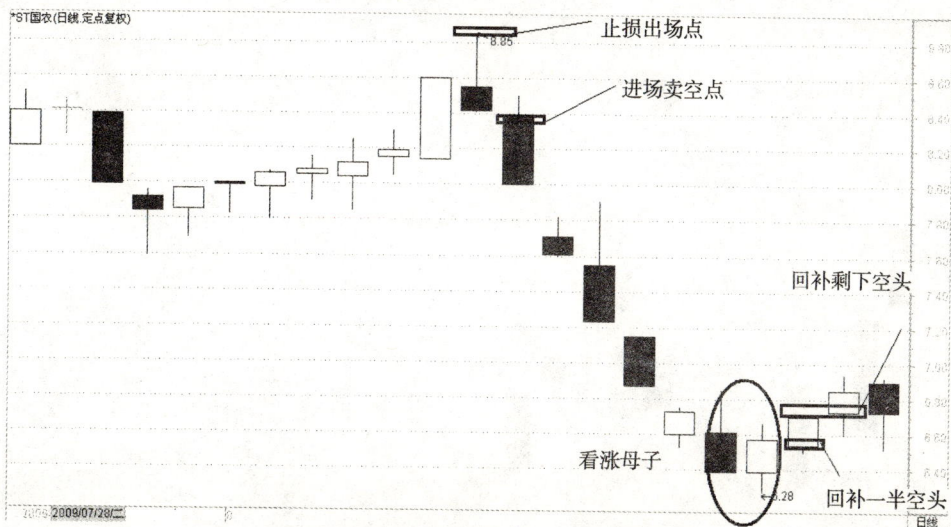

图 13-4 *ST 国农看跌母子形态操盘

一周通

第三节　看跌母子形态实例二

下面我们来看第二个实例，这是世纪星源的例子，世纪星源是深圳市场上一只老股，在老股民眼中这只股票具有诸多有趣的故事，因为它的善变，它也一度被称为沪深两市的第一妖股。

1. 看盘

在一次例行选股过程中，我们发现了世纪星源这只股票，因为它最近的走势似乎具有看跌母子形态，如图 13-5 所示，同时需要注意的是最近一个交易日的 K 线近似于吊颈，于是我们将这只股票放入到了股票池中以备进一步地选择。

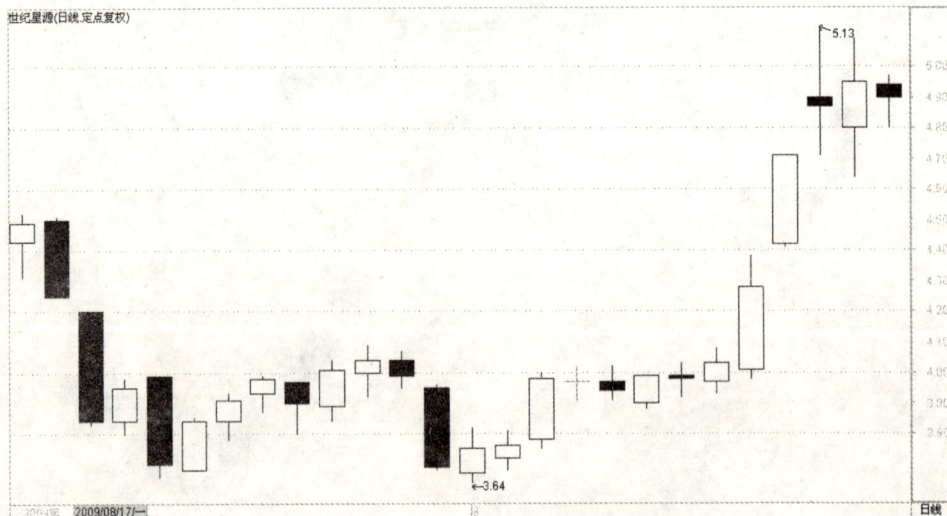

图 13-5　世纪星源看跌母子形态看盘

2. 解盘

对于初选通过的股票，我们这里需要进一步地分析和筛选，请看图 13-6，世纪星源最近一个交易日出现了中等阳线接着小阴线的组合形态，不过有趣的地方是这根中等阳线与之前的一根小阴线是不是组成了看涨吞没呢？其实，是一个继续上涨的信号，但却不是看涨吞没，因为看涨吞没要求此前股价处于下跌状态，而本例中该形态出现之前股价一直处于上涨状态。另外一个有趣的地方是，最近一个交易日该股形成了一个好像是吊颈的 K 线。如果最近一个交易日是吊颈线，那么看跌概率就更高了。我们来分析一下这根 K 线，实体足够短，下影线也较长，不过上影线似乎长了些，所以这是一个勉强合适的吊颈。看跌母子是比较合格的，加上一个勉强合理的吊颈，于是我们准备实际操作这只股票。

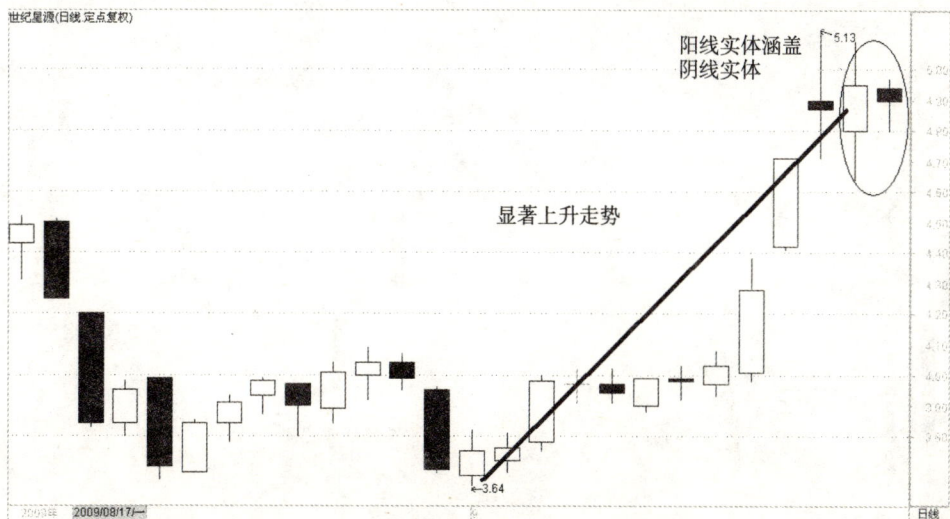

图 13-6 世纪星源看跌母子形态解盘

3. 操盘

一旦世纪星源入选了我们的最终操作名单，下面我们就需要进一步作仓位管理规划，请看图 13-7，看跌吞没形成的次日，我们在开盘时进场融券卖空这只股票。进场后股价曲折下跌，虽然有反弹但是力度都不大，不久之后股价开始回升，超过了最近两个交易日的最高点。于是我们回补了部分仓位。当日股价收盘形成了一个特殊的早晨之星，于是我们在次日开盘回补了剩下的空头。

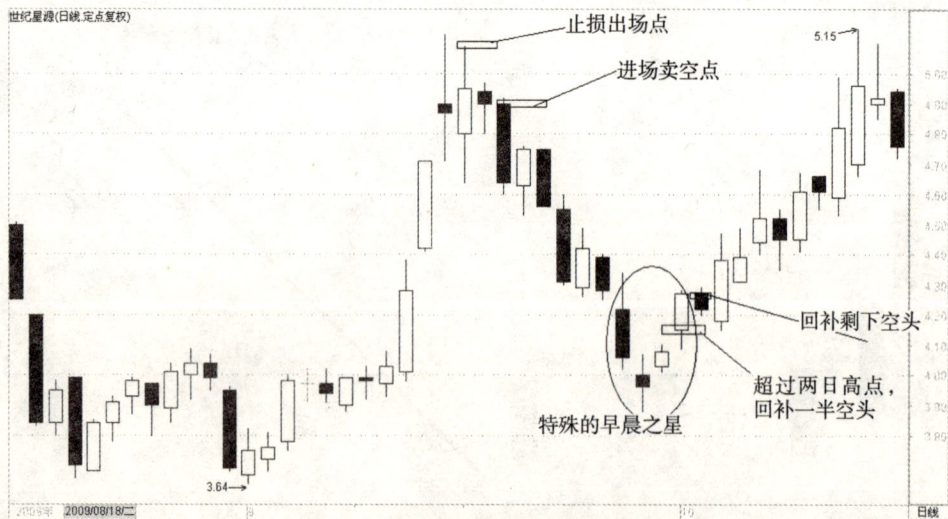

图 13-7　世纪星源看跌母子形态操盘

第四节 看跌母子形态实例三

下面我们来看第三个实例，看看如何在泛海建设这只股票上利用三步法框架进行看跌母子的识别和操作。这个例子中的看跌母子是比较标准的，在这种情况下可以采用较正常仓位稍重的资金比例。

1. 看盘

每天盘后我们要对一两千只股票进行筛选，没有高效的程序和标准是不可能做到的，我们在看盘这个环节需要将上千只股票的数目缩小到一百只以内，而且看盘这个环节的时间在 2 小时左右，快速地扫描要求高效的方法，按照本书介绍的经典高效 K 线进行海选是比较有效的。请看图 13-8，最近两个交易日构成了看跌母子，于是我们将这只股票放入到自选股板块中以便进一步地筛选。

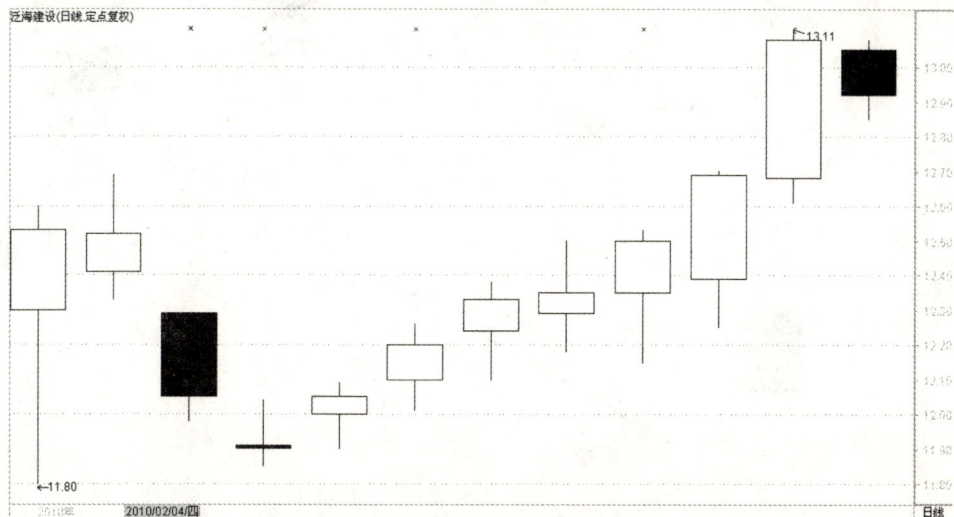

图 13-8 泛海建设看跌母子形态看盘

2. 解盘

看盘环节将可以操作的股票缩减到了一百只以内，这还不够，我们还要进一步地筛选，对于靠技术分析做短线操作的散户而言，最后操作的股票最好维持在 3~10 只的规模。在解盘环节中，我们要将看盘环节筛选留下的一百只股票减小到 10 只以内，为了达到这一目标，我们对通过看盘初选的几十只股票进行复选，这里面包括了泛海建设。请看图 13-9，最近一段时间股价一直处于上升状态，最近两个交易日呈现出了看跌母子的典型形态：第一个交易日是实体较大的阳线，而第二个交易日是实体较小的阴线，阴线的收盘价高于阳线的开盘价，阴线的开盘价低于阳线的收盘价。

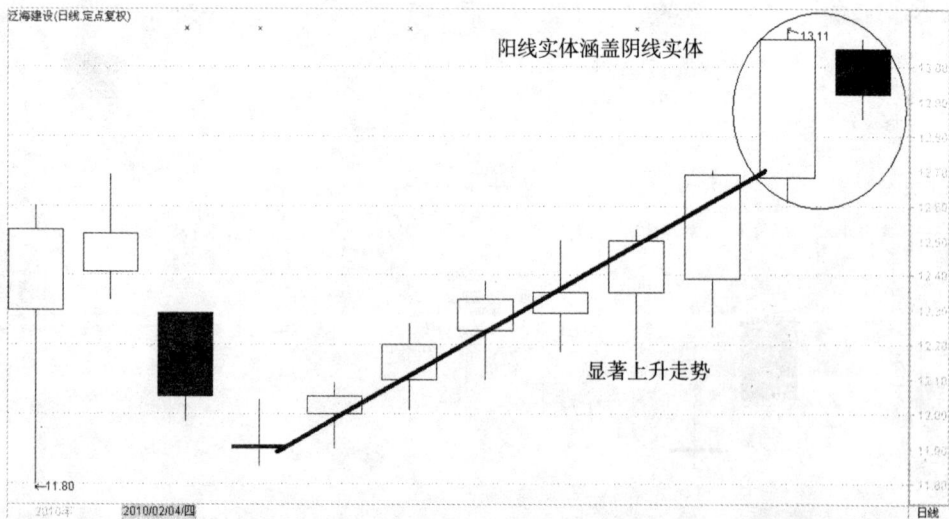

图 13-9　泛海建设看跌母子形态解盘

3. 操盘

下面我们对这只股票进行操作，请看图 13-10。在看跌母子出现之后次日开盘我们进场融券卖空，股价并没有立即下跌，而是持续盘整了数日，但是没有触发任何出场规则，于是我们继续持股。不久之后，股价开始下跌，两日下跌之后，出现了倒锤头，于是我们在次日回补一半的空头。此后股价在盘中突破了邻近两日的最高价，于是我们回补剩下的一半空头。

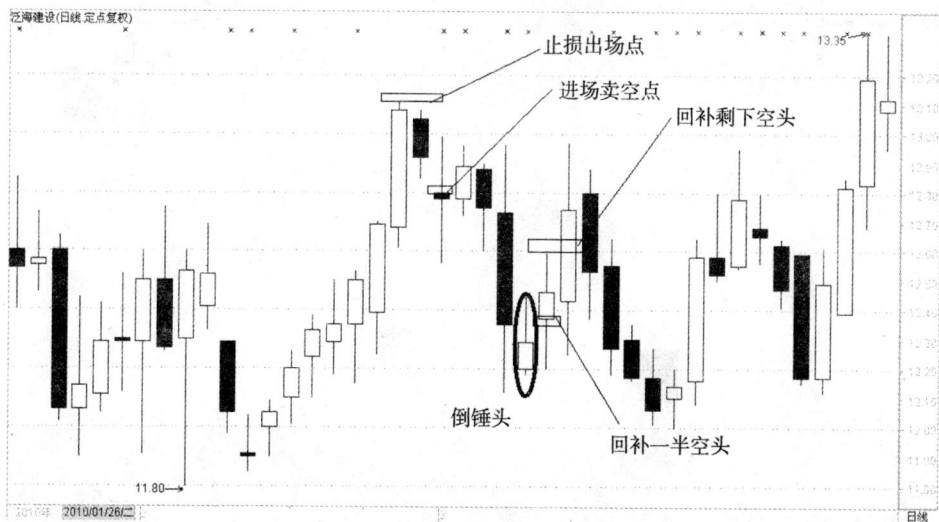

图 13-10　泛海建设看跌母子形态操盘

第五节　看跌母子形态实例四

看跌母子要求阳线的实体涵盖住阴线的实体，这点非常重要，也就是说阳线的收盘价高于阴线的收盘价，而阳线的开盘价低于阴线的收盘价。对于阴线部分我们不做要求，但是理想的情况是阴线的影线部分也在阳线的实体涵盖范围之内，下面我们来看与之有关的实例，这是特发信息的例子。

1. 看盘

在一次盘后例行的选股过程中我们发现了特发信息这只股票，它最近的走势好像与看跌母子比较契合，于是我们将它放入到股票池中以便接受进一步地检验，如图 13-11 所示。

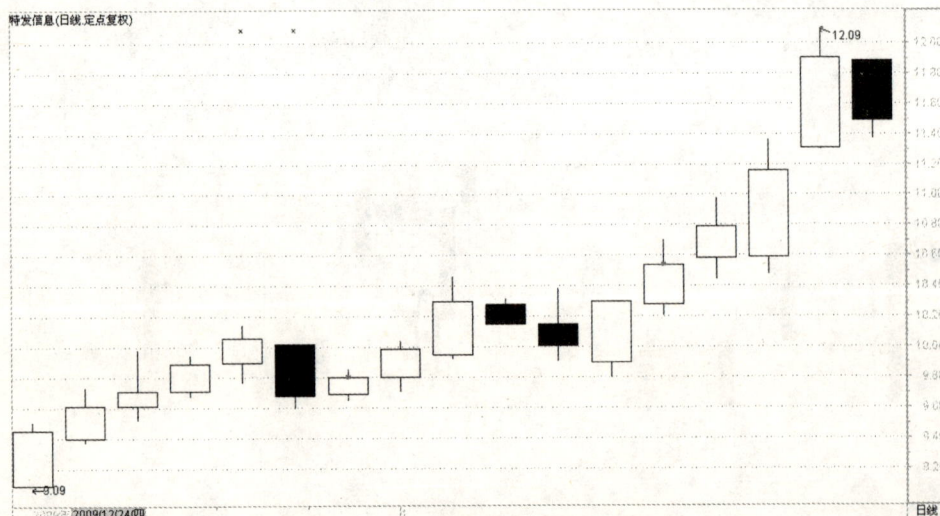

图 13-11　特发信息看跌母子形态看盘

2. 解盘

特发信息最近走势是否真的与看跌母子的解剖特征相适应？请看图 13-12，最近一个月该股都处于上涨态势，上涨幅度非常显著，另外该股最近两个交易日的形态也比较符合看跌母子的特征：第一个交易日是阳线，第二个交易日是阴线，更为重要的是阳线的收盘价高于阴线的开盘价，而阳线的开盘价低于阴线的收盘价。另外，阴线整个都在阳线实体的覆盖范围之内。因此，从整体来看，特发信息近期走势还是非常符合看跌母子特征的，应该说是比较理想的看跌母子，于是我们准备介入到这只股票的操作中。

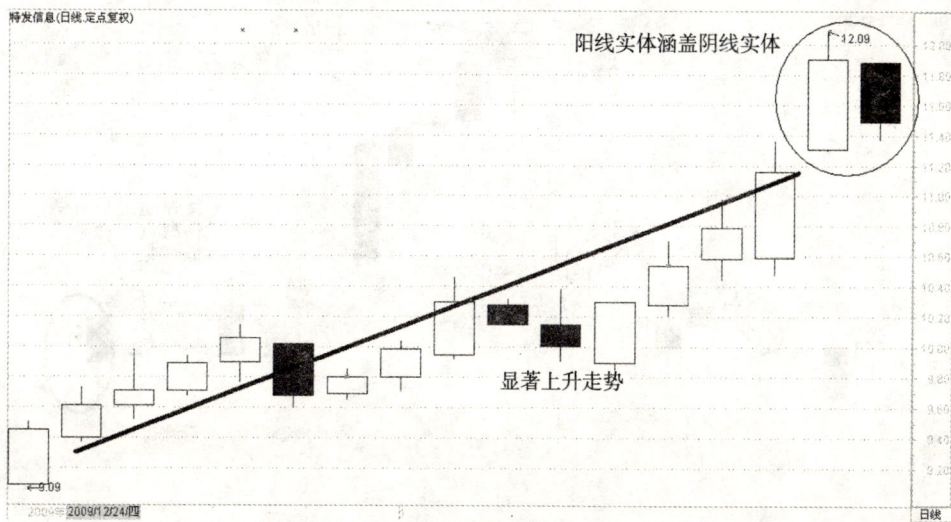

图 13-12　特发信息看跌母子形态解盘

3. 操盘

在看跌吞没出现后，我们于当日收盘作了确认，于是次日开盘我们融券卖空这只股票，如图 13-13 所示，止损出场点设定在看跌母子最高价附近。进场之后股价一路下跌。下跌了数个交易日之后，股价开始小幅反弹，从而突破了邻近两个交易日的最高点，于是我们回补了一半的空头仓位。剩下的一半仓位则在一个看涨母子出现之后回补。

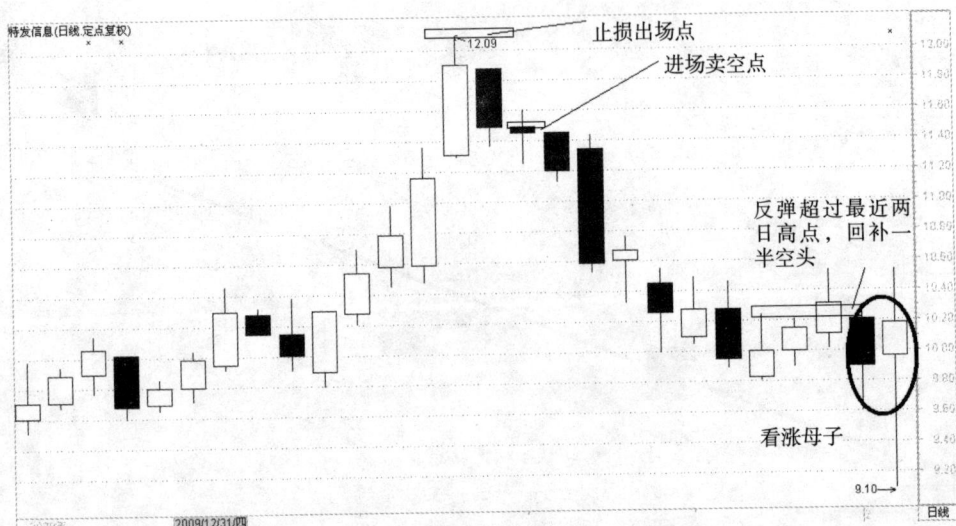

图 13-13 特发信息看跌母子形态操盘

第十四章　高效组合14——看涨母子

看涨母子与看跌母子相对应，看涨母子与看涨吞没有一些共同点，那就是由两个交易日组成，第一个交易日是阴线，第二个交易日是阳线，但是实体大小关系在两种形态当中却是相反的。下面，我们就来先看看看涨母子的解剖特征吧。

第一节　看涨母子形态解剖

看涨母子出现之前，股价或者说指数必须处于下跌状态，越显著越好，我们以上证指数为例，请看图14-1。上证指数连续数日下跌，下跌幅度非常显著。另外，最近两个交易日的K线形态依次为阴线和阳线，阴线的实体部分涵盖阳线的实体部分，具体而言是阴线开盘价高于阳线的收盘价，而阴线收盘价低于阳线的开盘价。在个股和指数的日线走势图上，一旦出现了看涨母子，则后市上涨的概率提高了，但是还不至于提高到70%的概率，所以最好是结合其他技术指标或者是K线形态来利用看涨母子，毕竟母子形态是14个高效K线组合中效率最低的一对。

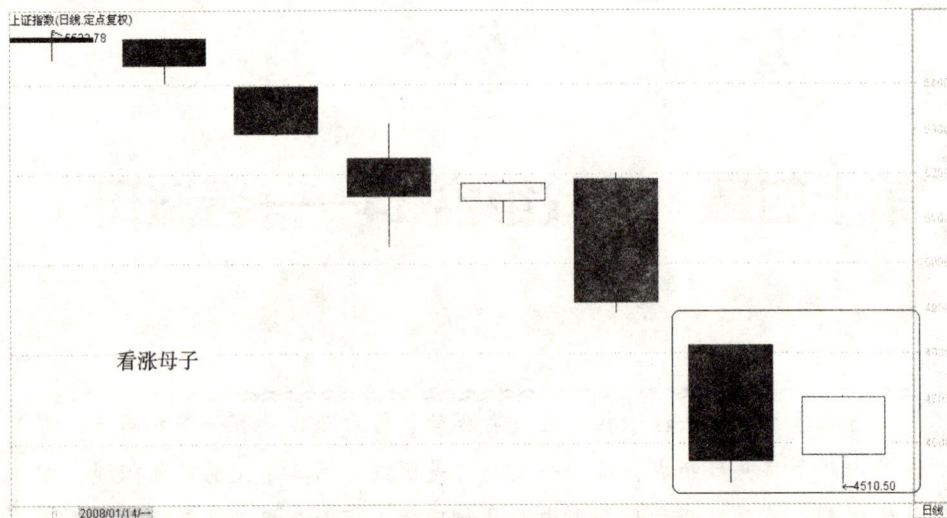

上证指数(日线 定点复权)

看涨母子

←4510.50

2008/01/14/一

日线

图 14-1　上证指数看涨母子形态解剖

　　掌握了看涨母子的形态特征，我们下面开始从具体的实例入手，看看如何在三步法框架下利用看涨母子获利和规避风险，看涨母子不仅仅适合于多头炒家建立仓位，同样也适合于空头炒家结束仓位，不过我们下边的四个案例还是以建立仓位为主，结束仓位大家可以结合前面的案例进行理解。

第二节　看涨母子形态实例一

　　我们要介绍的第一个实例是 *ST 华控，在这个实例中，股价经历了大幅度下跌，然后出现了一种非常理想的看涨母子，下面我们就来看看这个例子，看看能够从中学习到一些什么。

1. 看盘

在一次例行的选股活动中，我们发现了 *ST 华控这只股票，请看图 14-2，它从一个较高的价位下跌，下跌一直持续到类似于看涨母子的形态出现，于是我们将 *ST 华控这只股票放入到股票池中以备进一步地分析。

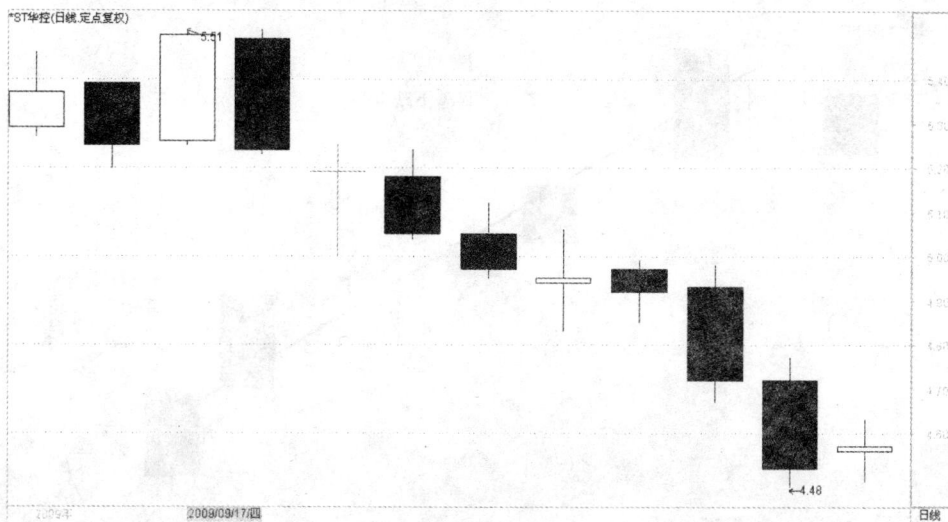

图 14-2　*ST 华控看涨母子形态看盘

2. 解盘

我们在解盘环节对 *ST 华控进行深入的分析，请看图 14-3，最近一段时间该股确实经历了大幅度的下跌，下跌程度非常显著，这是一个非常好的特征。另外，最近两个交易日该股经历了一个大阴线和一根小阳线，严格来讲是一颗准十字星，阴线的开盘价格高于阳线的收盘价格，而阴线的收盘价格则低于阳线的收盘价格，由此看来，这是一个非常好的看涨母子，于是我们准备对这只股票进行真枪实弹的操作。

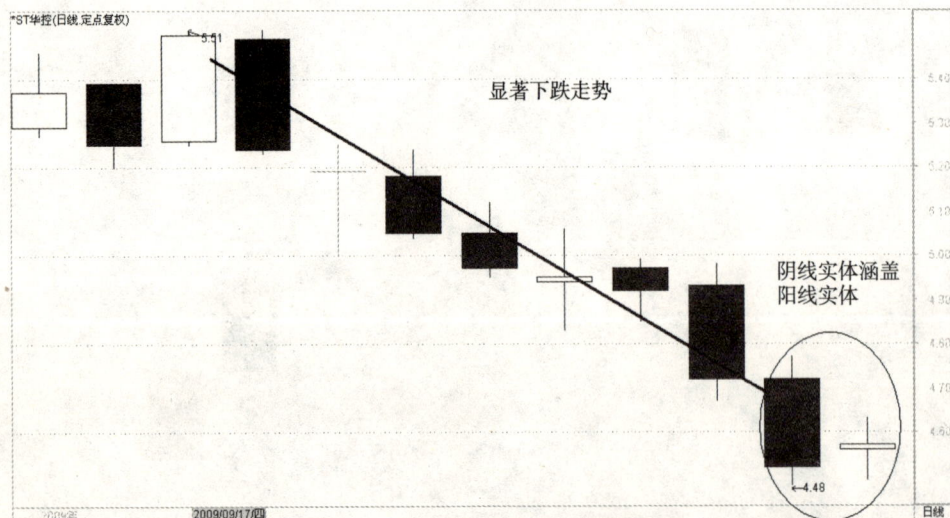

图 14-3 *ST 华控看涨母子形态解盘

3. 操盘

我们在确认看涨母子次日开盘时进场买入 *ST 华控，如图 14-4 所示，并将止损出场点放置在看涨母子的最低价附近，进场之后股价开始连续拉升。股价一直发展到本小节完成时还未有出场信号，所以我们继续持仓。

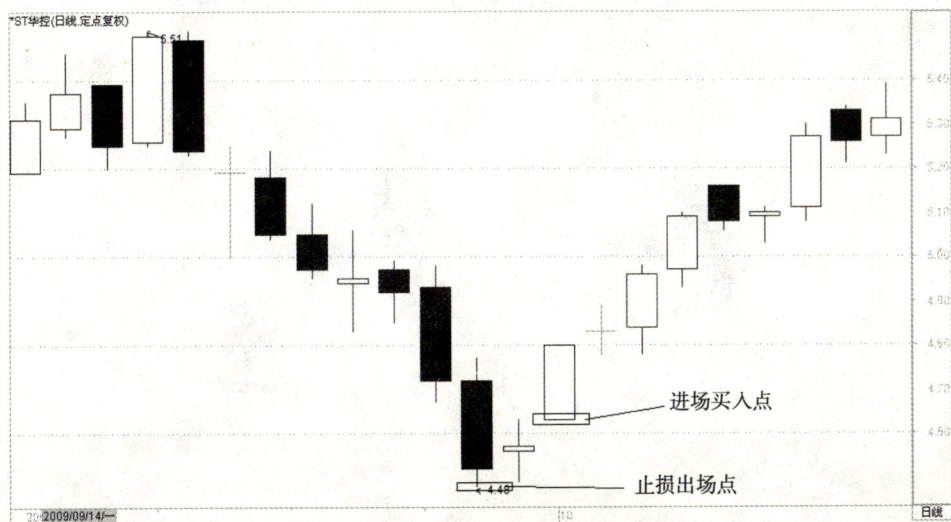

图 14-4 *ST 华控看涨母子形态操盘

第三节　看涨母子形态实例二

我们来看第二个实例，这是深圳华强的例子，这个例子的特别之处在于其中隐藏着一个锤头，下面我们就来看涨母子结合锤头的情况吧。

1. 看盘

深圳华强在一次盘后例行选股中被发掘出来，请看图 14-5，它最近两个交易日似乎构成了看涨母子，另外最近一个交易日似乎是锤头，由于这只股票具有这些特征，所以我们将它放入到了股票池中以便进行进一步地选择。

图 14-5　深圳华强看涨母子形态看盘

2. 解盘

　　深圳华强近期走势是否符合看涨母子的形态解剖要求，下面我们对此进行一些更加深入的研究，请看图 14-6，最近连续 4 个交易日都是下跌，股价下跌幅度还比较显著，至少不是横盘整理走势。另外，最近两个交易日依次是阴线和阳线，第一个交易日的阴线实体涵盖了第二个交易日的阳线实体。这是较为典型的看涨母子形态，除此之外，最近一个交易日似乎是锤头形态，这些因素综合考量起来可以发现深圳华强最近走势比较适合介入买进。

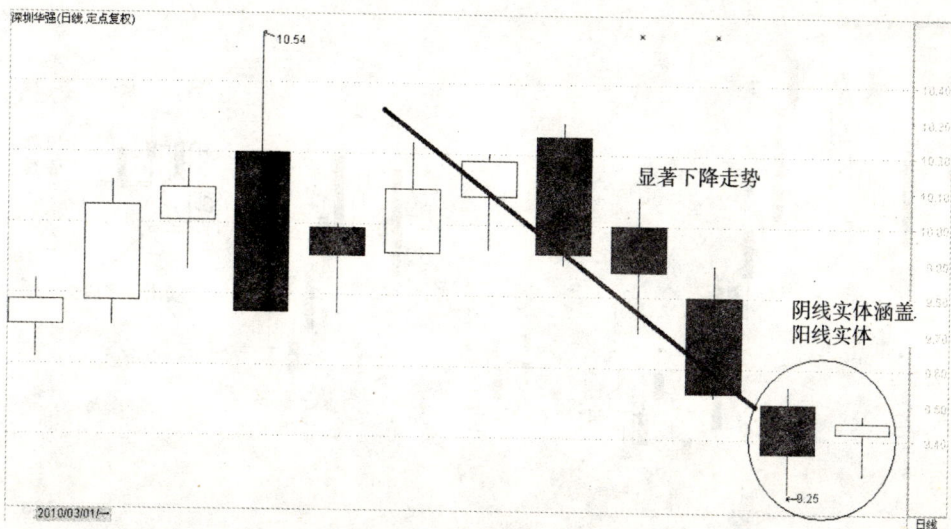

图 14-6　深圳华强看涨母子形态解盘

3. 操盘

我们在看涨母子确认之后的次日开盘买入，如图 14-7 所示，并将止损出场点设定在看涨母子最低价附近。此后，股价一路拉升，拉升途中出现了看跌母子，于是我们卖出了一半的头寸。不久，股价开始横盘整理，而后一个交易日盘中跌破了邻近两日的最低价，于是我们卖出剩下的股票。

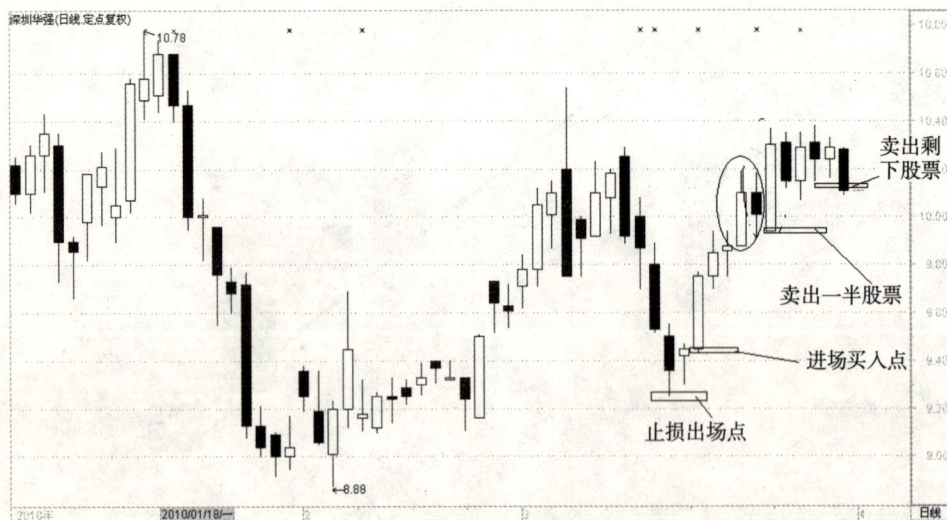

图 14-7 深圳华强看涨母子形态操盘

第四节　看涨母子形态实例三

我们来看第三个看涨母子的实例，在这个例子中，看跌母子出现不久股价开始下跌，然后出现了看涨母子，下面我们来具体分析一下这个实例。

1. 看盘

在一次例行的选股过程中，我们发现了北方国际这只股票，如图 14-8 所示，股价从 30 元关口下跌，大跌几日之后出现了好像是看涨母子一样的形态，于是我们将这只股票放入到股票池中以便接受进一步地选择。

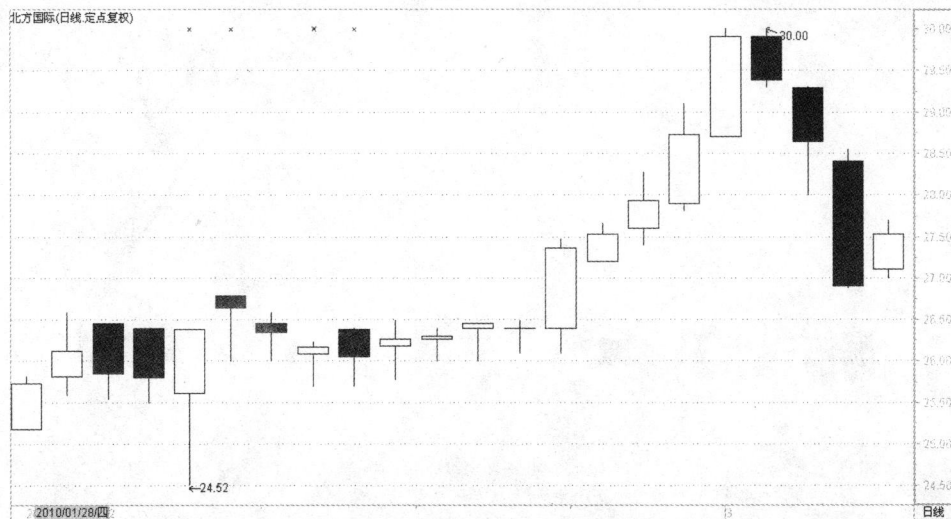

图 14-8　北方国际看涨母子形态看盘

2. 解盘

看盘环节中我们将北方国际放入到了股票池中，现在我们需要对这只备选股进行更加细致的分析，请看图 14-9。最近这只股票处于下跌之中，下跌幅度比较显著，不过下跌持续的时间似乎不久。最近两个交易日依次是阴线和阳线，阴线的开盘价高于阳线的收盘价，而阴线的收盘价低于阳线的开盘价。而且阴线实体和阳线实体的大小对比非常显著，这表明市场情绪突然由绝对空头转向了微弱的多头。经过分析，我们决定对这只股票进行操作，由于下跌时间不久，只经过三个交易日的下跌，所以下跌动能可能还没有释放完全，于是我们准备采用轻仓进行操作。

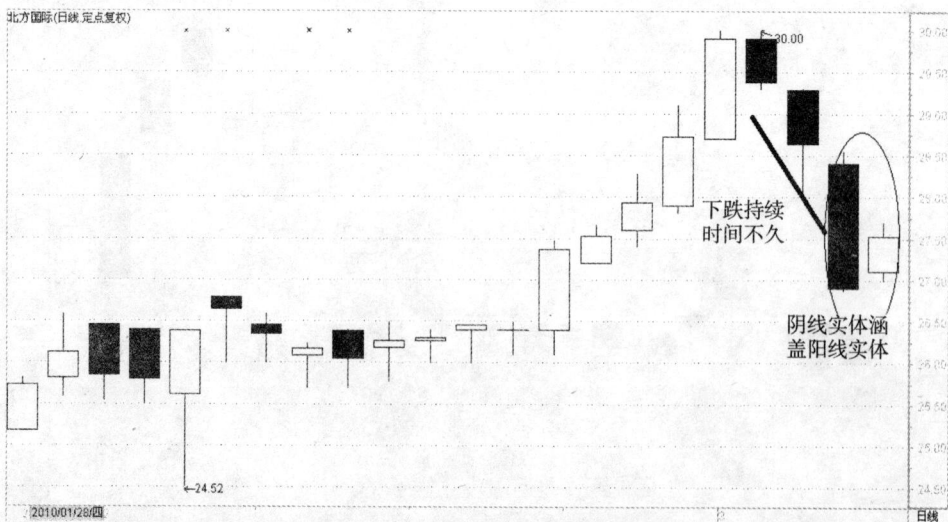

图 14-9　北方国际看涨母子形态解盘

3. 操盘

我们以较轻的仓位对北方国际进行操作，请看图 14-10，在确认了看涨母子次日，我们在看盘时买入这只股票，并将止损出场点放置在最低价附近。此后，股价一路爬升，不久跌破临近两日最低价，于是我们卖出一半的仓位；之后，股价形成一个看跌母子，于是我们卖出剩下的一半仓位。这里说点题外话，一般而言母子形态的子 K 线实体都较短，如果是十字星的话，则是孕十字形态，这时候就不是简单的反转形态了，往往需要结合其后的 K 线性质来决定。

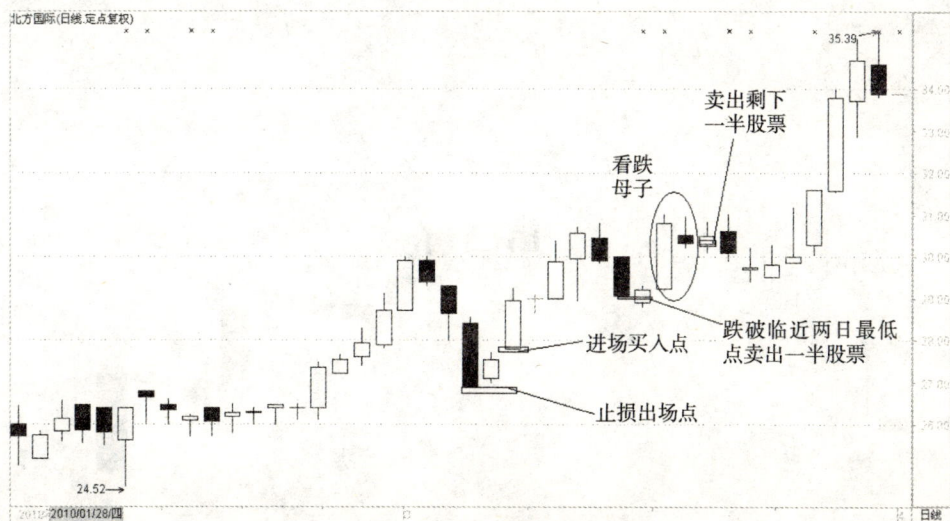

图 14-10　北方国际看涨母子形态操盘

第五节　看涨母子形态实例四

来看本章最后一个实例，也是本教程最后一个实例，其实这样的例子几乎在每天的炒股过程中都会遇到，但是这个例子也有其特殊之处，因为阴线实体下端和阳线实体下端基本都是处于水平位置。

1. 看盘

盘后例行选股会给炒家带来快感，特别是按照我们的方法，因为你可以在两个小时不到的时间内剔除大部分的个股，快速完成海选，这是绝大多数股民都想要完成的任务。在一次例行选股过程中，我们很快将 ST 三星挑选出来，如图 14-11 所示，它最近的走势似乎具有看涨母子形态，于是我们将它放入股票池中。

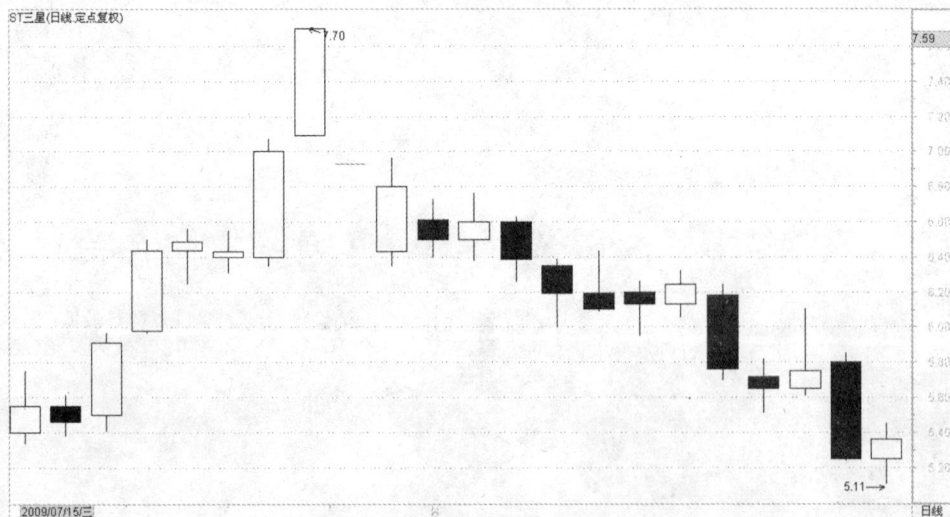

图 14-11　ST 三星看涨母子形态看盘

2. 解盘

　　ST 三星近期走势是合格的看涨母子吗？请看图 14-12，股价最近出现了连续一个月的下跌，这满足了看涨母子的一个要求。另外，最近两个交易日依次为阴线和阳线，阴线基本覆盖阳线实体，不足之处是阴线收盘价与阳线开盘价基本上在同一水平，由此看来虽然勉强符合看涨母子的特点，但是做多力量不够强，轻仓参与为宜。

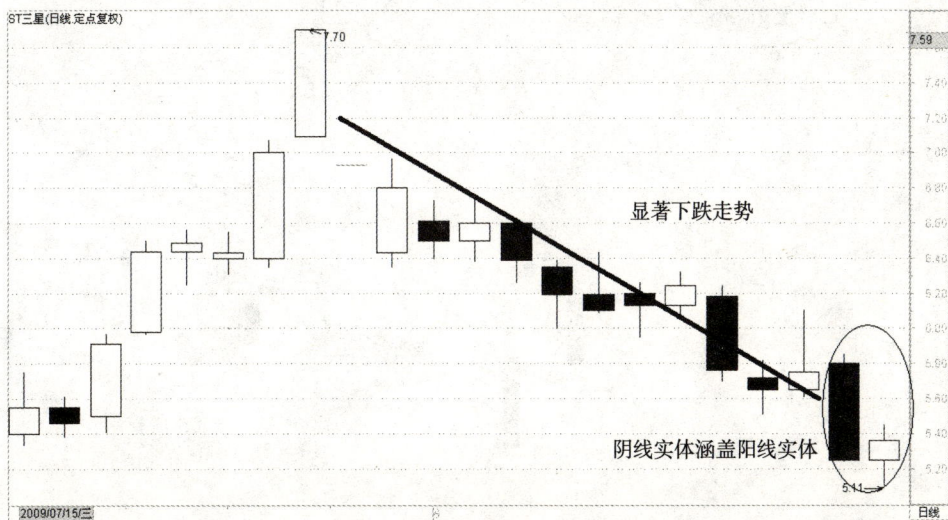

图 14-12　ST 三星看涨母子形态解盘

3. 操盘

我们在确认了 ST 三星存在看涨母子之后，次日开盘我们买入这只股票，并将止损出场点设定在看涨母子最低价附近，如图 14-13 所示，进场后不久就被触发止损，于是全仓卖出。

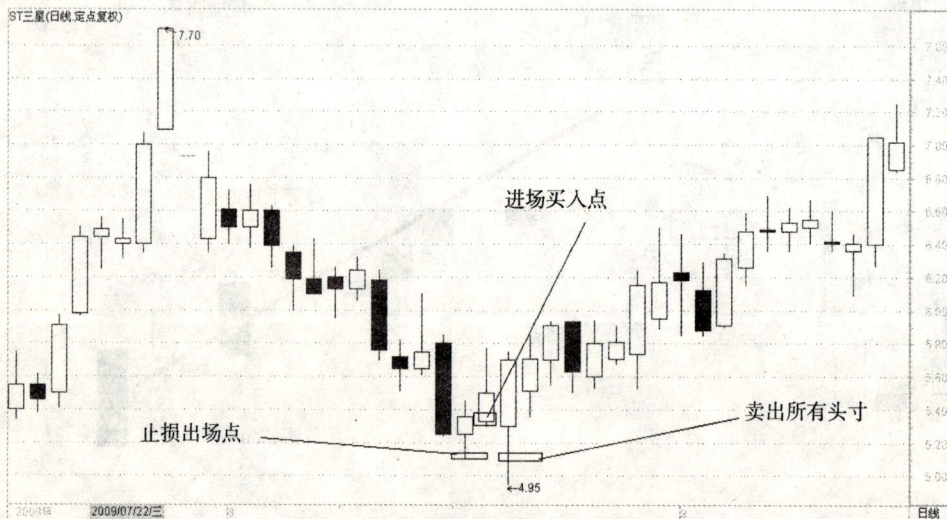

图 14-13　ST 三星看涨母子形态操盘